AF368058

LE JEUNE
COSMOGRAPHE.

LE JEUNE COSMOGRAPHE;

Ou Description de la Terre et des Eaux qui la circonscrivent; ensemble l'Histoire naturelle de l'Homme dans les différentes Régions qu'il habite, avec ses Facultés physiques et morales; Ouvrage méthodique et élémentaire, extrait des meilleurs Auteurs, Navigateurs, etc. Suivi d'une nomenclature des nouvelles Mesures usitées en France; aussi les Mesures et Monnoies qui sont en usage chez un grand nombre de Nations.

Enrichi d'une Mappemonde relative à l'objet (*).

DÉDIÉ
Aux Jeunes Gens des deux Sexes,
PAR A. BERTIN.

A REIMS, chez DELAPLACE, Imprimeur-Libraire, rue Denis, No. 97.

An VII de la République.

(*) Cette Mappemonde doit sa projection et son exécution au Citoyen Moithey, Ingénieur-Géographe, qui en est Propriétaire; et ce n'est que chez lui qu'on pourra se la procurer, à Paris, rue Faux-bourg Jacques, N°. 553, maison du Citoyen Bergognon. Prix 2 f. 40 centimes; coloriée et lavée 5 f. Et, à Reims, chez Delaplace, Imprimeur - Libraire, rue Denis. Prix 2 francs 50 centimes; coloriée et lavée, sur papier d'Hollande, 6 f.

INTRODUCTION
A LA GÉOGRAPHIE.

CHAPITRE PREMIER.

NOTIONS PRÉLIMINAIRES.

QU'EST-CE que la Géographie?

La Géographie est la description de la Terre.
La Terre est ronde; on a coutume de la représenter par le moyen d'un Globe ou d'une Mappemonde.

Qu'est-ce que la Mappemonde?

La Mappemonde est la figure du globe terrestre en deux superficies plates et rondes : ces deux superficies se nomment Hémispheres, c'est-à-dire, demi-globes. Celui qui est à droite se

A 3

nomme Hémisphere Oriental; celui qui est à gauche, Hémisphere Occidental. Le premier s'appelle aussi Ancien Monde, parce qu'il renferme les pays connus de tout temps. Le second s'appelle Nouveau Monde, parce qu'il n'a été découvert qu'en 1492.

Que remarque-t-on sur la Mappemonde ?

On remarque les Vents, les Pôles, les Cercles, les Zones, les Climats, la Mer, la Terre et les Signes.

ARTICLE PREMIER.

QUEST-CE que les Vents ?

Les Vents sont le Nord ou le Septentrion, au haut de la Carte; le Sud ou Midi au bas ; l'Est, ou Orient, ou Levant, à la droite de chaque Hémisphere ; l'Ouest ou Occident, ou Ponant, à la gauche. Ces quatre endroits se nomment les quatre Points Cardinaux (*).

On appelle Nord-Est, le point entre le Nord et l'Est; Sud-Est, le point entre le Sud et l'Est;

(*) Pour mieux remarquer les quatre Vents, il faut placer la Carte de maniere qu'en l'étudiant, on ait le visage tourné vers le Nord du Monde, le dos au Midi, le Soleil levant à sa droite, le Couchant à sa gauche.

Sud - Ouest, le point entre le Sud et l'Ouest ;
Nord-Ouest, le point entre le Nord et l'Ouest.

ARTICLE DEUXIEME.

DES PÔLES.

QU'EST-CE que les Pôles ?

Les Pôles sont les deux extrémités supérieure
et inférieure de l'axe du Monde : la supérieure,
qui est vers le Nord, se nomme Pôle Arctique ;
l'inférieure qui est vers le Midi se nomme
Pôle Antarctique.

Le mot Pôle signifie tourner, parce que l'on
conçoit que le Globe de la Terre tourne sur
ces deux points, comme une roue sur son
essieu.

Le mot Arctique, vient d'un mot grec qui
signifie Ourse, parce que ce Pôle répond à-
peu - près à la Constellation du Ciel qu'on
nomme Ourse, ou Arctos (*). Le mot Antarctique signifie opposé à l'Ourse, parce qu'il
est directement opposé au Pôle Arctique.

On appelle Axe ou Essieu du Monde la ligne
droite qui va d'un Pôle à l'autre , et qui est

(*) Une Constellation est un amas d'Étoiles.

supposée passer par le milieu de la Terre du
Nord au Midi.

ARTICLE III.

DES CERCLES.

QU'EST-CE que les Cercles de la Mappemonde ?
Les Cercles de la Mappemonde sont le Méridien, l'Equateur, les Polaires, les Tropiques, les Cercles de Latitude, et les Cercles de Longitude.

I. LE MÉRIDIEN.

Qu'est-ce que le Méridien?

Le Méridien est un Cercle qui passe par les deux Pôles, et qui partage le Globe en deux Hémispheres, Oriental et Occidental. Il y a autant de Méridiens qu'on peut tracer de Cercles d'un Pôle à l'autre. Celui qui environne les deux Hémispheres de la Mappemonde est appelé grand Méridien.

Méridien vient de Midi ; on l'appelle ainsi, parce que, quand le Soleil y passe, il est Midi pour les lieux qui sont dessous. Cela cependant ne doit s'entendre que de la moitié qui va d'un Pôle à l'autre ; car dans l'autre moitié il est Minuit

Le Méridien se partage, comme tout autre Cercle, en 360 Degrés. Ces Degrés sont marqués par des espaces blancs et noirs, égaux en grandeur. Chaque espace blanc est un Degré; chaque espace noir en est un autre. Le Degré du Méridien vaut 25 Lieues communes de France. La lieue contient 2282 Toises. Toute la circonférence est de 9000 lieues.

Ce Cercle se divise aussi en quatre portions de 90 Degrés chacune, qu'on appelle quarts du Méridien. Chaque quart se compte depuis l'Équateur jusqu'aux Pôles, et contient 2250 Lieues (*).

2. L'ÉQUATEUR.

Qu'est-ce que l'Équateur ?
L'Équateur est un Cercle qui coupe le Globe

(*) Selon le nouveau système des Français, le Méridien se partage en 400 Degrés. Le quart du Méridien est de 100 Degrés, ou Grades. Le Degré se partage en 10 Myriametres. Le Myriametre en 10 Kilometres. Selon cette division le Degré du Méridien vaut 22 lieues et demie; le Myriametre deux lieues un quart. Le Kilometre, pas tout-à-fait un quart de lieue. Le Degré de 25 lieues vaut 11 Myriametres, 1 Kilometre. Le Metre est pris sur le quart du Méridien; il en est la dix millionieme partie.

d'Orient en Occident , en deux parties égales.
La partie supérieure se nomme Hémisphere
Septentrional, ou simplement partie Septen-
trionale. La partie inférieure se nomme Hé-
misphere Méridional, ou simplement partie
Méridionale.

Le mot Équateur vient du verbe égaler,
parce qu'il partage le Monde en deux parties
égales.

On l'appelle aussi Ligne Équinoxiale. Ligne,
parce qu'il est en forme de Ligne sur la Carte;
Équinoxiale, parce qu'il donne lieu aux Équi-
noxes. Equinoxe signifie égalité de nuits et de
jours. On l'appelle ainsi, parce que les Peuples
qui habitent l'Équateur ont toute l'année égalité de jours et de nuits , et que le Soleil en la
parcourant deux fois l'an , forme cette égalité
de jours et de nuits pour toute la Terre. Cela
arrive vers le 30 Ventôse et le premier Ven-
démiaire, ou 20 Mars et 22 Septembre.

L'Équateur est divisé en 360 Degrés. Chaque
Degré est de 25 lieues. La circonférence de
9000.

3. LES POLAIRES.

Qu'est-ce que les Polaires ?
Les Polaires sont deux Cercles paralleles à

l'Équateur, éloignés des Pôles de 23 1/2 Degrés, c'est-à-dire, de 587 1/2 lie. Celui qui est dans la partie Septentrionale est nommé Cercle Polaire Arctique, parce qu'il est près du Pôle Arctique ; celui qui est dans la partie Méridionale est appelé Cercle Polaire Antarctique , parce qu'il approche du Pôle Antarctique.

4. LES TROPIQUES.

Qu'est-ce que les Tropiques ?

Les Tropiques sont des Cercles paralleles à l'Équateur, dont ils sont éloignés de 23 1/2 Degrés. Celui qui est dans la partie Septentrionale est appelé Tropique du Cancer ; et celui qui est dans la partie Méridionale est appelé Tropique du Capricorne (*).

(*) Le Cancer et le Capricorne sont deux Signes du Zodiaque , c'est-à-dire, des douze Constellations que le Soleil parcourt dans les douze mois de l'année. Ces Signes ont reçu , dit-on , leurs noms des Égyptiens. Ceux du Printemps ont été appelés le Bélier, le Taureau et les Gémeaux , parce que les Brébis, les Vaches et les Chevres étoient fort estimées chez eux , et que cette Saison leur est favorable. Ceux de l'Été ont été appelés l'Écrévisse , parce que les jours commencent à diminuer ; le Lion , parce que le Soleil est alors dans sa plus grande force ; La Vierge ,

Tropique vient d'un mot grec qui signifie retourner, parce que quand le Soleil est arrivé vers ces Cercles, il retourne pour ainsi dire sur ses pas : cela arrive deux fois l'année; le premier Nivôse et 3 Messidor, ou 21 Décembre et 21 Juin. Ces deux jours s'appellent Solstice ce qui signifie : le Soleil s'arrête. Le premier est le Solstice d'Hyver, parce que l'Hyver commence pour nous; le second Solstice d'Été, parce que l'Été commence pour nous.

Le Tropique du Nord est appelé Tropique du Cancer ou de l'Écrévisse, parce que quand

---

représentée par une Moissonneuse portant un épi, parce que c'est le temps des récoltes. Ceux de l'Automne ont été appelés la Balance, parce que les jours sont égaux aux nuits à l'entrée de cette Saison; le Scorpion, qui est un animal portant à sa queue un éguillon et une bouteille de poison dont il fait usage en fuyant, parce que le Soleil en se retirant cause des brouillards nuisibles; le Sagittaire, animal à figure humaine, tenant un arc, parce que c'est le temps de la Chasse, à la chûte des feuilles. Ceux de l'Hyver ont été appelés le Capricorne, parce que les jours commencent à augmenter; le Verseau, ou Verseur d'eau, parce qu'il pleut beaucoup; les Poissons, à cause de la génération des Poissons qui se manifeste, et de la Pêche qui devient meilleure.

le Soleil

(13)

le Soleil est arrivé à ce Cercle, au commencement de l'Été, les jours diminuent et semblent
aller à reculons, comme l'Écrévisse.

Le Tropique du Midi est appelé Tropique
du Capricorne, qui est un animal qui broute
en grimpant, parce que, quand le Soleil y est
arrivé, au commencement de l'Hyver, il remonte sur notre Horison, et les jours recom-
mencent à augmenter pour nous.

*Vous venez de dire que, lorsque le Soleil est
arrivé au Tropique du Capricorne, il commence
à remonter sur notre Horison ; qu'entendez-vous
par notre Horison ?*

Notre Horison est l'espace qui nous environne, formant un cercle au centre duquel
nous sommes placés. Le point qui est au-
dessus de nos têtes se nomme Zénith, et celui
qui se trouve sous nos pieds se nomme Nadir.

Horison vient d'un mot grec qui signifie
borner, parce qu'il borne notre vue de tout côté.

On compte deux sortes d'Horisons, le rationel et le sensible. L'Horison rationel s'étend
autour de nous jusqu'à la moitié du Globe,
qu'il partage en deux Hémispheres ; l'un supérieur que nous habitons, et l'autre inférieur
qui est au-dessous de nous. L'Horison sensible
est l'espace que nous appercevons autour de

nous, et au-delà duquel nos regards ne peuvent s'étendre.

Nous changeons d'Horison à chaque pas. Ainsi chaque lieu a le sien particulier.

Qu'est-ce qu'opere la marche alternative du Soleil vers les Tropiques ?

Elle opere ,

1°. Le changemement du lieu de son Lever et de son Coucher. En effet, si le Soleil parcouroit toute l'année l'Équateur, il se leveroit et se coucheroit toujours au même endroit; mais en parcourant d'Orient en Occident le Tropique du Cancer, au commencement de l'Été, alors il se leve et se couche dans la partie Septentrionale, à 23 $1/2$ de l'Équateur, ou à 587 $1/2$ lieues. De même en parcourant le Tropique du Capricorne d'Orient en Occident, au commencement de l'Hyver, alors il se leve et se couche, dans la partie Méridionale, à 23 $1/2$ Degrés de l'Équateur, ou 587 $1/2$ lieues. Ainsi il y a 1175 lieues, ou 47 Degrés entre le lever et le coucher du Soleil en Été , et entre son lever et son coucher en Hyver.

2°. La variété des jours. Car, lorsque le Soleil parcourt le Tropique du Cancer, les jours sont les plus grands pour nous, parce que nous habitons dans la partie Septentrionale, et que cette partie est alors plus éclairée; mais les jours diminuent, à mesure que le Soleil se rapproche de l'Équateur et du Tropique du Capricorne. Pareillement, lorsque le Soleil parcourt le Tropique du Capricorne, les jours sont les plus petits pour nous qui en sommes éloignés, et ils augmentent à mesure qu'il remonte vers l'Équateur, et delà au Tropique du Cancer.

3°. La succession des Saisons. Car, il y a Hyver pendant que le Soleil revient du Capricorne à l'Équateur; il y a Printemps, tandis qu'il remonte de l'Équateur au Cancer; il y a Été, pendant qu'il retourne du Cancer à l'Équateur; et il y a Automne, pendant qu'il descend de l'Équateur au Capricorne.

5. CERCLES DE LATITUDE.

Qu'est-ce que la Latitude?

La Latitude est la distance de l'Équateur aux Pôles. La distance de l'Équateur au Pôle Arctique s'appelle Latitude Septentrionale; la distance de l'Équateur au Pôle Antarctique s'appelle Latitude Méridionale.

Comme il n'y a que 90 Degrés de l'Équateur à chacun des Pôles, il n'y a que 90 Degrés de Latitude. Ces Degrés sont marqués sur le Méridien de 10 en 10. Chaque Degré de Latitude

tude, étant un Degré du Méridien, vaut 25 lieues.

On entend par Latitude d'un lieu, la distance de ce lieu à l'Équateur. Ainsi, quand on dit qu'un lieu est au 20e Degré de Latitude, cela cela veut dire qu'il est distant de l'Équateur de 20 Degrés, ou 500 lieues.

Le nombre des Degrés de Latitude que contient un pays, annonce son étendue du Sud au Nord. Ainsi, quand on dit qu'un pays contient 6 Degrés de Latitude, cela signifie qu'il contient 150 lieues du Sud au Nord.

Qu'est-ce que les Cercles de Latitude ?

Les Cercles de Latitude sont des Cercles parallèles à l'Équateur, qui sont coupés par le Méridien. Ils sont placés de 10 en 10 Degrés, depuis l'Équateur jusqu'aux Pôles, dans la partie Septentrionale et Méridionale. L'espace qui se trouve entre chacun d'eux, étant dix Degrés du Méridien, renferme 250 lieues.

On les appelle Cercles de Latitude, parce qu'ils servent à faire connoître la distance d'un lieu à l'Équateur ; parce qu'ils sont tracés de dix en dix Degrés de Latitude ; parce qu'en suivant leur dimension, on trouve les Degrés de Latitude sur le Méridien.

Ces Cercles sont ordinairement appelés les

Cercles Paralleles , parce qu'ils sont distans de l'Équateur également dans tous leurs points.

6. Cercles de Longitude.

Qu'est-ce que la Longitude ?

La Longitude est la mesure du Globe de l'Ouest à l'Est, en partant du Méridien. Elle ne commence pas chez tous les Peuples au même endroit, parce que tous les Peuples n'ont pas le même Méridien, et qu'ils n'en adoptent pas un commun. Depuis Louis XIII on l'a comptée en France, du grand Méridien qui environne la Mappemonde, et qui passe au-dessus de l'île de Fer, la plus occidentale des Iles Canaries, vis-à-vis l'Afrique, au 28ᵉ Degré de Latitude Septentrionale. Plusieurs Géographes et Astronomes Français comptent maintenant du Méridien de Paris qui passe au-dessus de l'Observatoire, dans le Jardin des plantes, et qui est 20 Degrés plus à l'Orient que le grand Méridien.

Le Méridien de Paris est pris aussi pour premier Méridien, sur la Mappemonde de la Citoyenne Lemasson. C'est de ce Cercle qui est le deuxieme du côté de l'Occident, dans l'Hémisphere Oriental, que la Longitude commence à se compter. Nous suivons la même marche dans la description que nous donnons des différens Peuples du Monde.

On appelle Longitude d'un lieu, la distance de ce lieu au Méridien ; et, comme nous comptons du Méridien de Paris, la Longitude d'un Peuple pour nous est la distance de ce Peuple au Méridien de Paris. Ainsi, quand nous disons qu'un Peuple est au 30e Degré de Longitude, cela signifie que ce Peuple est au 30e Degré du Méridien de Paris.

Combien y a-t-il de Degrés de Longitude ?

Il y a 360 Degrés de Longitude, parce que la Longitude s'étend d'Occident en Orient sur la totalité du Globe, dont le Cercle est partagé en 360 Degrés. Chacun de ces Degrés est de 25 lieues à l'Équateur et près de l'Équateur ; mais la valeur de ces Degrés est de moindre longueur, en s'éloignant de l'Équateur, parce que le Globe diminue en s'approchant des Pôles.

En voici une petite Table de Réduction.

Le Degré de Longitude, au premier Degré du quart du Méridien, est de 25 Lieues.

Au 10e, de 24 et demie ;

Au 20e, de 23 et demie ;

Au 30e, de 21 et demie ;

Au 40e , de 19 ;

Au 50e , de 16 ;

Au 60e , de 12 et demie ;

Au 70e , de 8 et demie ;

Au 80e , de 4 un quart ;

Et au 90e , de 0.

Qu'est-ce que les Cercles de Longitude ?

Les Cercles de Longitude sont des Cercles qui passent par les Pôles et coupent l'Équateur perpendiculairement. Ils sont placés de 10 en 10 Degrés, marqués sur l'Équateur.

On les appelle Cercles de Longitude, 1°, parce que la Longitude peut se compter, à partir de chacun d'eux ; 2°, parce qu'il se trouve, entre chacun d'eux, 10 Degrés de Longitude ; 3°, parce qu'en suivant leur dimension, on trouve, sur l'Equateur, la Longitude de chaque Peuple, ou la distance de chaque Peuple au Méridien de Paris.

Ces Cercles de Longitude sont aussi appelés des Méridiens, parce qu'ils passent par les Pôles, partagent le Globe en parties égales, et qu'il est Midi au même instant pour les Peuples qui sont sous chacun d'eux. Ainsi, quand il est Midi à Paris, il est Midi au même instant pour tous les lieux qui sont sous le Méridien de Paris. Il en est de même de tous les Méridiens.

Ne pourroit-on pas connoître l'heure de tous les Pays du Monde, par le moyen des Cercles de Longitude, ou Méridiens ?

Cela est très-facile ; d'abord il faut auparavant remarquer que le Soleil fait chaque jour sa révolution autour du Globe, d'Orient en Occident. Comme le Globe est environné de Cercles de 360 Degrés, il s'en suit que le Soleil parcourt d'Orient en Occident ces 360 Degrés en 24 heures ; il en parcourt la moitié ou 180, en 12 heures ; le quart ou 90, en 6 heures, 45 en 3 heures, 15 en 1 heure.

Selon le système de Copernic, qui admet le Soleil immobile au milieu de l'Univers , c'est la Terre qui fait ce cours, en tournant sur elle - même d'Occident en Orient. Parconséquent, quelque système qu'on admette, il est toujours certain qu'il y a 15 Degrés parcourus en une heure, 30 en 2 heures, 45 en 3 heures, et ainsi de suite.

D'après ce principe , il résulte 'que tout pays distant d'un autre de quinze Degrés d'Orient en Occident, ou d'Occident en Orient, a une heure de différence. S'il est plus à l'Orient de 15 Degrés ; il a midi une heure plus tôt ; s'il est plus à l'Occident, il a midi une heure plus tard. Si ce pays est à 30 Degrés, il a midi deux heures plutôt ou plus tard ; s'il est à 45e, il a midi trois heures plutôt ou plus tard.

Cela posé, quand il est midi à Paris, qui est au premier Degré de Longitude, il est une heure au quinzieme Degré de Longitude ; deux heures au 30e, etc. . . . . . ; mais il n'y a que 40 minutes au 1ce, et 20 minutes au 5e, etc.

Par exemple, les Égyptiens sont vers le 3e Méridien après celui de Paris, ou au 30e Degré de Longitude, ils ont midi deux heures plutôt que Paris : quand il est midi à Paris, il est deux heures en Égypte.

De même, les Chinois sont sous un Méridien ou Cercle de Longitude, qui est éloigné de 110 Degrés de celui de Paris, il est plus de 7 heures du soir chez eux, quand il est midi à Paris, parce qu'ils sont à plus de 7 fois 15 Degrés de Longitude de Paris.

ARTICLE IV.
DES ZONES.

QU'ENTEND-ON par Zones ?

On entend par Zone un large espace en forme de bande, parallele à l'Équateur dans les deux Hémispheres. On en compte cinq : la Torride, les deux Tempérées, les deux Glaciales ou froides.

La Zone Torride s'étend depuis un Tropique jusqu'à l'autre. Elle comprend, par conséquent, 23 Degrés et demi de chaque côté de l'Équateur. Elle a 47 Degrés au total ; ce qui fait 1175 lieues environ. On la divise en deux parties, la Septentrionale qui est au-dessus de l'Équateur, et la Méridionale qui est au-dessous de l'Equateur.

On l'appelle Torride, ou brûlée ; parce que le Soleil y darde perpendiculairement ses rayons, et y cause une grande chaleur. Cependant cette grande chaleur est tempérée par la longueur des nuits, les pluies et les vents.

Les Zones Tempérées sont les espaces entre les Tropiques et les Polaires. L'une est Septentrionale, et l'autre Méridionale ; elles occupent chacune 43 Degrés, ou 1075 lieues environ.

On les appelle Tempérées, parce que le froid et la chaleur y sont modérés. La chaleur s'y fait plus sentir vers les Tropiques, et le froid vers les Polaires.

Les Zones Froides ou glaciales s'étendent depuis les Cercles Polaires, jusqu'aux Pôles ;

elles occupent chacune 23 Degrés et demi, ou
587 lieues et demie.

On les appelle Glaciales, parce que le froid
y est très-rigoureux, à cause de l'éloignement
du Soleil qui y darde ses rayons d'une maniere très-oblique, et les laisse long-temps
dans la nuit (*).

ARTICLE V.

DES CLIMATS.

QU'EST-CE qu'un Climat ?

Un Climat est un espace renfermé entre
deux Lignes paralleles à l'Equateur, à la fin
duquel le plus grand jour de l'année est plus
long, ou d'une demi-heure ou d'un mois, que
dans son commencement. Les Climats se comptent depuis l'Equateur jusqu'aux Pôles. Il y
en a de deux sortes : des Climats d'heures, et
des Climats de mois. Les Climats d'heures se

(*) La disposition des Zones est tracée sur la
Mappemonde dans un demi-Cercle, à l'Occident
de l'Hémisphere Occidental. La Zone Torride est
renfermée dans l'arc rouge ; les Tempérées dans les
deux arcs jaunes ; les deux Froides dans les deux
arcs bleus.

prennent depuis l'Equateur, de part et d'autre, jusqu'aux Cercles Polaires; et les Climats de mois, depuis les Cercles Polaires jusqu'aux Pôles. On compte 24 Climats d'heures, et 6 Climats de mois au-dessus de l'Equateur, et autant au-dessous; ce qui fait 60 au total. Un climat d'heures est plus long d'une demi-heure, à sa fin qu'à son commencement; et un Climat de mois est plus long d'un mois, à sa fin qu'à son commencement. Un Climat d'heures diffère du Climat voisin d'une demi-heure; et un Climat de mois diffère du Climat voisin d'un mois.

Le premier Climat d'heures commence à l'Équateur, et est de douze heures et demie à sa fin; le deuxième est de 13 heures; le 3e est de 13 heures et demie; le 4e de 14 heures; ainsi de suite jusqu'au 24e, qui est de 24 h. Le 1er Climat de mois est d'un mois; le 2e de deux mois; le 3e de trois mois; le 6e de six mois. Les Climats d'heures occupent plus d'espace vers l'Equateur; ils diminuent en avançant vers les Polaires. Les premiers occupent plus de 8 Degrés de Latitude, et les derniers n'en occupent pas même un demi. Les Climats de mois, au contraire, occupent un moindre espace

(25)

espace vers les polaires. Ils augmentent en avançant vers les pôles (*).

Combien y a-t-il de problèmes à résoudre au sujet des climats?

Il y a deux problèmes à résoudre au sujet des climats.

Le premier : connoissant le climat d'un pays, dire le nombre d'heures du plus grand de ses jours. Pour cela, il faut d'abord compter 12 h., et ensuite autant de demi-heures que le nombre de son climat; réduire ces demi-heures en heures ; les ajouter au nombre 12. Le total donne le nombre d'heures de ce pays. Ainsi, si un pays est au 8e climat, je lui donne d'abord 12 heures, qui est le nombre des jours à l'équateur ; je lui donne ensuite 8 demi-heures qui est le nombre du climat. Ces 8

(*) Les climats sont figurés sur la mappemonde par un demi-cercle qui est à l'orient de l'hémisphère oriental. Leurs limites y sont marquées par des lignes qui le traversent; de même que leur nombre ordinal par des chiffres romains. La grandeur de leurs jours est indiquée vis-à-vis chacun d'eux, entre le demi-cercle et le méridien. Leur no, vis-à-vis le méridien, montre à quel degré de latitude chacun d'eux est placé, et quelle est son étendue.

C

demi-heures font 4 heures qui, ajoutées au nombre 12, font la somme de 16 heures ; c'est le nombre d'heures du plus grand jour au 8e climat. Il en est de même de tous les climats d'heures.

Le deuxieme : connoissant le plus grand jour d'un pays, assigner son climat. Pour cela, il faut d'abord retrancher 12 heures de ce jour; ensuite compter les demi-heures que contient le nombre restant ; le résultat sera le climat. Ainsi, si le plus grand jour d'un pays est de 15 heures, je retranche 12 heures ; il en reste 3, qui font 6 demi-heures, ou le 6e climat.

Quelles observations il y a-t-il à faire relativement aux climats ?

Il y en a trois ;

La premiere : c'est qu'en faisant connoître les plus grands jours de chaque pays, ils font aussi connoître les plus grandes nuits ; car, dans toute la terre, les nuits sont de même grandeur que les jours dans une saison opposée. Ainsi, où les plus grands jours sont dans l'été de 20 heures, les plus grandes nuits sont aussi de 20 heures dans l'hiver. Il en est de même de tous les climats ; les jours et les nuits sont dans la même proportion.

La deuxieme : c'est que, tandis que les plus

grands jours regnent dans la partie septentrionale, les plus grandes nuits regnent dans la
partie méridionale. Ainsi, lorsque les plus grands
jours sont de 16 heures au 8e climat, au-dessus de l'équateur, les plus grandes nuits sont
également de 16 heures, au 8e climat, au-dessous de l'équateur. Lorsque le jour est de 6
mois au pôle arctique, la nuit est de 6 mois
au pôle antarctique.

La troisieme : c'est que dans toute la terre
il y a autant de jour que de nuit ; mais les
jours et les nuits sont diversement distribués.
A l'équateur les jours et les nuits sont toujours de 12 heures ; et aux pôles les jours et
les nuits sont de six mois : cela revient au
même (*).

ARTICLE VI.
DE LA MER.

QUE représentent les espaces blancs et colorés de la Mappemonde ?

Les espaces blancs représentent la mer, et les

---

(6) Pour se faire une idée de la formation des
climats, il faut prendre une boule et la placer vis-à-

espaces colorés représentent la terre. On voit au premier coup d'œil qu'il y a beaucoup plus de mer que de terre.

Qu'est-ce que la mer?

La mer est toute l'étendue des eaux qui environnent la terre. Elle a deux noms généraux ; elle s'appelle Méditerranée, au milieu des terres dans l'hémisphere oriental, du

---

vis une lumiere. Si la lumiere est au milieu, la boule sera éclairée dans sa moitié également jusqu'aux deux extrémités. Mais, si la lumiere s'écarte du centre de la boule, une extrémité sera totalement éclairée, tandis que l'autre sera dans l'obscurité ; également il y aura une surface éclairée, qui s'agrandira d'un côté, et se retrécira de l'autre.

Il en arrive de même sur le globe de la terre. Quand le soleil est à l'équateur, les jours sont égaux par-tout jusqu'aux deux pôles. Mais, quand le soleil s'en écarte pour avancer vers un tropique, le pôle le plus proche est continuellement éclairée, et l'autre dans une nuit perpétuelle. Les jours s'agrandissent du côté où est le soleil, et ils diminuent dans la partie opposée; et, comme le soleil est éloigné de l'équateur pendant six mois, il suit qu'il y a six mois de jours, et six mois de nuits aux pôles. Il en résulte l'inégalité des jours pour le reste de la terre, ou la formation des climats.

côté de l'occident; elle s'appelle Océan, au-tour des terres.

L'Océan a quatre noms qu'il tire des vents. Il s'appelle, vers le nord, Océan septentrional; vers l'occident, Océan occidental; vers le midi, Océan méridional; vers l'orient, Océan oriental.

La mer prend aussi le nom du pays qu'elle baigne; elle s'appelle mer des Indes, vis-à-vis les Indes; mer de la Chine, vis-à-vis la Chine, etc.

Quelles sont les portions de mer appelées détroit, golfe, baye?

Un détroit est une portion de mer resserrée entre deux terres. L'entrée de la Méditerranée est appelée détroit de Gibraltar, parce qu'elle est resserrée entre deux terres. La mer resserrée entre deux terres, au 181e degré de longitude, et au 68e de latitude septentrionale, est appelée détroit du nord.

Un golfe est une portion de mer qui s'avance dans les terres. Ainsi la mer qui s'avance dans les terres, au tropique du cancer, entre les Perses et les Arabes dans l'hémisphere Oriental, est appelée golfe Persique; la mer qui s'avance dans les terres au même tropique, dans l'hémisphere occidental, est appelée golfe du Mexique.

Une baye est une portion de mer qui avance dans les terres par une étroite entrée. Il y en a deux grandes dans l'hémisphere occidental, vers le nord, du côté de l'orient : ce sont la la baye de Baffin, et la baye d'Udson.

ARTICLE VII.

DE LA TERRE.

Qu'est-ce que la terre ?

La terre est la surface du globe habitée par le Genre humain. Celle qui est dans l'hémisphere oriental se nomme ancien continent; celle qui est dans l'hémisphere occidental se nomme nouveau continent. Toute la terre se divise en quatre parties, qui sont : l'Europe, l'Asie, l'Afrique dans l'hémisphere oriental, et l'Amérique dans l'hémisphere occidental.

Quelles sont les portions de terre qu'on appelle côte, cap, île, presqu'île, isthme ?

Une côte est une portion de terre sur les bords de la mer. Ainsi les côtes de l'Afrique sont les terres de l'Afrique qui sont sur le bord de la mer.

Un cap est une portion de terre qui s'avance en pointe dans la mer. Ainsi la pointe méridionale de l'Afrique est appelée Cap de bonne espérance.

Une île est une portion de terre environnée d'eau de tout côté. Ainsi Madagascar, à l'orient de l'Afrique, sous le tropique du capricorne, est une île. Il y en a une infinité dans la mer. Elles sont marquées par des taches plus ou moins grandes, à raison de leur étendue. Leurs noms respectifs sont indiqués près de leur position.

Une presqu'île est une portion de terre environnée d'eau de trois côtés. Ainsi l'Afrique est une presqu'île, parce qu'elle est entourée de la mer, excepté à un endroit.

Un isthme est une portion de terre resserrée entre deux mers. Ainsi l'espace de terre qui joint l'Asie à l'Afrique, et qui est entre la Méditerranée et la mer Rouge, est appelée isthme de Suez; de même que le milieu de l'Amérique, resserré à l'orient et à l'occident entre deux mers, se nomme isthme de Panama.

ARTICLE VIII.

DES SIGNES.

QU'EST-CE que les signes ?

Des signes sont des marques pour exprimer certaines choses. Il y en a plusieurs sur la mappemonde ; savoir : les signes des religions, des mœurs, des couleurs, des formes des différens peuples ; ceux des montagnes, des fleuves, des limites, et des villes principales de l'Univers.

Quels sont les signes de la religion des peuples ?

Il y en a trois : une croix désigne les chrétiens ; elle est droite, s'ils sont catholiques ; elle est renversée, s'ils sont séparés de l'église. Un turban désigne les mahométans ; un soleil, les idolâtres.

Quels sont les signes des mœurs des peuples ?

Il y en a plusieurs : un triangle désigne les peuples savans ; une abeille, ceux qui vivent en société ; une fleche, ceux qui sont sauvages ; quatre petits points, ceux qui sont poligames, c'est-à-dire, qui épousent plusieurs femmes en même temps ; un ver, marque ceux qui sont nuds ; un dard, la pointe en bas, ceux qui sont humains ; un dard, la pointe en haut, ceux qui sont cruels.

Quels sont les signes des couleurs ?

Les signes des couleurs sont les couleurs mêmes de la carte, à l'endroit de chaque pays. les peuples sont de six sortes de couleurs ;

savoir : les blancs, les noirs, les bronzés, les olivâtres, les basanés, les jaunâtres. Les blancs sont en Europe, et dans la partie occidentale de l'Asie; les noirs au milieu de l'Afrique, surtout sur les côtes occidentales; les bronzés, dans l'Amérique entre les deux tropiques, et à la pointe méridionale; les olivâtres, au nord de l'Europe, de l'Asie et de l'Amérique; les basanés sont au midi de l'Asie, au nord, au midi et sur les côtes orientales de l'Afrique; les jaunâtres, au midi de l'Amérique.

Quels sont les signes des formes?

Les signes des formes sont au nombre de 8; une ligne horisontale fait connoître les peuples petits; deux lignes horisontales et paralleles, les moyens; trois lignes, les grands; quatre lignes, les très-grands; une ligne perpendiculaire, les bien faits; un z, les mal-faits; un oval, les beaux; une espece d'étoile, les laids.

Quels sont les signes des montagnes ?

Les signes des montagnes sont des especes de nuages. On en voit en Asie, au-dessus du tropique du cancer; en Afrique, au-dessous du même tropique, d'orient en occident, et dans l'Amérique méridionale, du sud au nord. Par-tout où on en apperçoit de semblables sur la carte, ce sont autant chaînes de

montagnes, qui ont chacune leur nom particulier.

Quels sont les signes des fleuves ?

Les fleuves, qui sont de grands courans
d'eau, qui vont se jeter dans la mer, sont marqués par des lignes plus ou moins grandes,
plus ou moins droites, selon leurs cours.
Ainsi, dans l'Asie, à l'orient, au-dessus du
mot Chinois, les lignes qui vont d'occident en
Orient, vers la mer, sont des fleuves : également
celle qui, à l'orient de l'Afrique, va, du sud
au nord, se rendre dans la Méditerranée, est
un grand fleuve appelé le Nil. L'endroit où
la ligne commence dans les terres est la source
du fleuve, et l'endroit où elle aboutit dans la
mer est son embouchure. On appelle la
gauche ou la droite d'un fleuve ou rivierre,
la gauche ou la droite d'une personne qui a
le dos tourné vers sa source, et le visage
vers son embouchure.

Quels sont les signes des limites des pays ?

Les limites des pays sont des lignes droites
ou courbes, tracés avec de petits points sur
la carte. Ainsi la ligne qui se trouve entre les
Français et les Espagnols, en Europe, désigne la limite qui sépare ces deux peuples.

Quels sont les signes des villes ?

Les signes des villes sont de petits o, placés au lieu de leur position, et près de leur nom. Ainsi le petit o, près Paris, sur son méridien, désigne la situation de Paris. Celui qui est près de Madrid, en Espagne, marque la situation de cette ville.

CHAPITRE II.

DE L'EUROPE.

QU'EST-CE que l'Europe ?

L'Europe est la plus petite des quatre parties du monde. Elle est dans l'hémisphere orientale, dans la partie septentrionale à l'occident.

Elle s'étend depuis le 36e jusqu'au 72e degré de latitude ; depuis le 348e jusqu'au 55° de longitude, et depuis le 5e. climat d'heures jusqu'au 2e climat de mois. Elle est sous la zone tempérée. Son extrémité septentrionale est dans la zone glaciale. Elle a environ 900 lieues du nord au midi, et 1100 de l'orient à l'occident.

Ses limites sont, au nord, la mer Glaciale, à l'occident l'Océan ; au midi, la Méditerranée ; à l'orient l'Asie, la mer Noire, l'Archipel qui est une mer parsemée d'îles.

Ses principales îles sont, dans l'océan, la Grande-Bretagne, l'Irlande, l'Islande ; dans la Méditerranée, la Corse, la Sardaigne, la Sicile et Candie.

Nous partageons les peuples Européens, en peuples du nord, peuples du milieu, peuples du midi, et peuples des îles, ou insulaires.

ARTICLE PREMIER.

PEUPLES DU NORD DE L'EUROPE.

QUELS sont *les peuples du nord de l'Europe?*
Ce sont les Lapons, les Suédois, les Norvégiens, les Danois, les Russes ou Moscovites.

I. LES LAPONS.

Faites-nous connoître les Lapons ?

Les Lapons sont au nord de l'Europe, entre le 66e et le 72e degré de latitude, et entre le 11e et le 35e de longitude, sous la zone glaciale, au 24e climat d'heures, au 1er et au 2e climat de mois.

Ils sont olivâtres, petits, laids, mal-faits, séparés de l'église, idolâtres, humains, sauvages, vivant en société, sous le gouverne-

ment

ment des Danois, Suédois et des Russes. Ils ont la mer Glaciale au nord, l'Océan septentrional à l'occident, la mer Blanche à l'orient, et les Suédois au midi.

La Laponie a environ 125 lieues du sud au nord, et 200 de l'ouest à l'est. Son extrémité septentrionale se nomme Cap-Nord.

II. LES SUÉDOIS.

Faites - nous connoître les Suédois ?

Les Suédois sont au nord de l'Europe, entre le 56e et le 66e degré de latitude, entre le 8e et 29e degré de longitude, entre le 10e et 23e climat d'heures, à la fin de la zone tempérée.

Ils sont blancs, très-grands, bien faits, séparés de l'église, savans, vivant en société sous un gouvernement monarchique. Ils ont les Lapons au nord, les Russes à l'orient, les Norvégiens à l'occident, la mer Baltique au midi. Cette mer, qui traverse leur pays du sud au nord, prend le nom de golfe de Bothnie au nord, et golfe de Finlande à l'orient.

La Suéde, y compris la Laponie Suédoise, a plus de 300 lieues du sud au nord, et 140 de l'ouest à l'est. Sa capitale est Stocholm, sur la mer Baltique, à l'occident.

D

3. LES NORVÉGIENS.

Faites-nous connoître les Norvégiens?

Les Norvégiens sont au nord de l'Europe, à l'occident, sur une côte longue qui s'étend depuis le 5.e degré de latitude jusqu'au-delà du cercle polaire, entre le 5.e et 12.e degré de longitude, entre le 11.e climat d'heures, et le 2.e climat de mois, à la fin de la zone temperée, au commencement de la zone glaciale.

Ils sont blancs, grands, separés de l'église, humains, vivant en société sous le gouvernement des Danois. Ils ont les Lapons et la mer Glaciale au nord, les Suédois à l'orient, la mer Baltique au midi, l'Océan à l'occident.

La Norvège, y compris la Laponie Danoise, a plus de 350 lieues du nord au midi, et 75 de l'orient à l'occident. Sa capitale est Christiania.

4. LES DANOIS.

Faites-nous connoître les Danois ?

Les Danois, dont le pays s'appelle Dannemarck, et comprend une presqu'île et deux îles dans la mer Baltique, sont situés au nord de de l'Europe, à l'occident, entre le 54e et 57e degré et demi de latitude, entre le 5e et 11e degré de longitude, sous la zone tempérée, au 10.e et au 11e climat d'heures.

Ils sont blancs, grands, beaux, séparés de l'église, savans, humains, vivant en société sous un gouvernement monarchique.

Ils ont l'Océan à l'ouest, la mer Baltique, à l'est et au nord, les Hollandois et les Allemans au midi.

Le Dannemarck a environ 87 lieues du nord au midi, et 60 de l'orient à l'occident. Sa capitale est Copenhague dans l'île de Zéland.

§. LES RUSSES.

Faites-nous connoître les Russes ?

Les Russes ou Moscovites sont situés au nord de l'Europe, du côté de l'orient, entre le 44e et 70e degré de latitude, entre le 21e et le 66e degré de longitude, entre le 7e climat d'heures et le 2e climat de mois, sous la zone tempérée, au commencement de la zone glaciale.

Ils sont olivâtres, au nord-est, blancs dans le reste du pays, grands, séparés de l'église, savans, vivant en société sous un gouvernement despotique.

Ils ont l'Asie à l'est, la mer Glaciale au nord, la mer Noire au midi, les Suédois, la Baltique et les Polonois à l'ouest.

Il y a vers le nord deux lacs, c'est-à-dire, de grandes étendues d'eau au milieu des terres;

D 2

savoir : le lac Ladoga, et le lac d'Onega. Il y a aussi plusieurs fleuves : la Duina qui se jette dans la mer Blanche, le Don ou Tanaïs qui se jette dans la mer Noire, et le Volga, le plus grand fleuve de l'Europe, qui se jette dans la mer Caspienne en Asie.

La Russie a plus de 600 lieues du nord au midi, et plus de 350 de l'orient à l'occident. Sa capitale est Petersbourg, sur le golfe de Finlande.

ARTICLE II.

PEUPLES DU MILIEU DE L'EUROPE.

QUELS sont les peuples du milieu de l'Europe?
Ce sont les Français, les Hollandois, les Prussiens, les Allemans, les Suisses, les Hongrois, les Polonois, les Cosaques,

I. DES FRANÇAIS.

Faites-nous connoître les Français ?
Les Français sont au milieu de l'Europe à l'occident, entre le 42e et 51e degré de latitude, et entre le 353e et le 6e degré de longitude, au milieu de la zone tempérée, aux 6e, 7e et 8e climats d'heures.

Ils sont blancs, grands, beaux, bien faits,

catholiques et autres, savans, humains, vivant en société sous un gouvernement républicain.

Ils ont l'Océan à l'occident, la Manche et
les Hollandois au nord, les Allemans et les
Suisses à l'orient, les Espagnols et la Médi-
ranée au midi.

Il y a quatre grands fleuves, le Rhône qui
se jette dans la Méditerranée, la Seine, la
Loire et la Garonne qui se jettent dans l'Océan.

La France a 225 lieues du nord au midi,
et autant de l'orient à l'occident. Sa capitale
est Paris sur la Seine.

2. LES HOLLANDOIS.

Faites-nous connoître les Hollandois ?

Les Hollandois sont au milieu de l'Europe,
vers l'occident, entre le 52e et le 54e degré
de latitude, et entre le 2e et le 5e degré de
longitude, sous la zone tempérée, au 9e climat
d'heures.

Ils sont blancs, grands, séparés de l'église,
savans, vivant en société sous un gouvernement républicain.

Ils ont l'Océan, appelé mer d'Allemagne,
à l'occident et au nord, les Allemans à l'orient,
les Français au midi.

D 3

La-Hollande a environ 50 lieues du sud au nord, et autant de l'ouest à l'est. Sa capitale est Amsterdam.

3. LES PRUSSIENS.

Faites-nous connoître les Prussiens?

Les Prussiens sont au milieu de l'Europe, entre le 52e et le 56e degré de latitude, entre le 14e et le 21e degré de longitude, sous la zone tempérée, aux 9e et 10e climats d'heures.

Ils sont blancs, grands, séparés de l'église, catholiques, vivant en société sous un gouvernement monarchique.

Ils ont la mer Baltique au nord, les Allemans à l'occident, les Polonois à l'orient et au midi.

La Prusse a environ 100 lieues du nord au sud, et autant de l'orient à l'occident. On y remarque deux fleuves principaux ; vers le nord le Niémen ; vers l'occident la Vistule, qui se jettent dans la mer Baltique.

La capitale est Konisberg.

4. LES ALLEMANS.

Faites-nous connoître les Allemans.

Les Allemans sont au milieu de l'Europe, entre le 45e et le 55e degré de latitude, et entre le 5e et 17e degré de longitude , sous la zone tempérée, aux 7, 8, 9 et 10e climats d'heures.

Ils sont blancs, beaux, très-grands, catholiques, séparés de l'église, savans, humains, vivant en société sous un gouvernement impérial.

Ils ont les Français et les Hollandois à l'occident, les Suisses et les Italiens au midi, la mer Baltique et les Prussiens au nord, les Hongrois et les Polonois à l'orient.

L'Allemagne a environ 250 lieues du sud au nord, et 225 lieues de l'ouest à l'est. Sa capitale est Vienne sur le Danube.

5. LES SUISSES.

Faites-nous connoître les Suisses ?

Les Suisses sont au milieu de l'Europe, vers le midi, entre le 46e et le 48e degré de latitude, et entre le 4e et 6e degré de longitude, sous la zone tempérée, au 7e climats d'heures.

Ils sont blancs, grands, catholiques, séparés de l'église, vivant en société sous un gouvernement républicain.

Ils ont les Français à l'occident, les Allemans au nord et à l'orient , et les Italiens au midi.

La Suisse, qu'on appelle aussi l'Helvétie, a 50 lieues du sud au nord, et 75 de l'ouest à l'est.

6. LES HONGROIS.

Faites-nous connoître les Hongrois ?

Les Hongrois sont au milieu de l'Europe, vers l'orient, entre le 43e et le 50e degré de latitude, et entre le 13e et le 25e degré de longitude, sous la zone tempérée, aux 6e, 7e et 8e climats d'heures.

Ils sont blancs, grands, bien faits, catholiques, séparés de l'église, vivant en société sous un gouvernement monarchique, dont le roi est empereur d'Allemagne.

Ils ont les Polonois au nord, les Allemans à l'occident, les Turcs à l'orient et au midi, avec la mer Adriatique ou golfe de Venise.

La Hongrie a environ 180 lieues du sud au nord, et 200 de l'est à l'ouest. La capitale est Presbourg.

7. LES POLONOIS.

Faites-nous connoître les Polonois ?

Les Polonois sont au milieu de l'Europe, entre le 48e et le 57e degré de latitude, et entre le 14e et le 31e degré de longitude, sous la zone tempérée, aux 8e, 9e, 10e et 11e climats d'heures.

Ils sont blancs, très-grands, beaux, bien faits, catholiques, séparés de l'église, humains, vivant en société sous les gouvernemens de Prusse, d'Allemagne et de Russie, qui se sont rendus maîtres de leurs pays.

Ils ont les Russes à l'orient, les Prussiens au nord, les Allemans à l'occident, les Hongrois et les Turcs au midi.

La Pologne a environ 225 lieues du sud au nord, et autant de l'ouest à l'est. Sa capitale est Varsovie.

8 LES COSAQUES.

Faites - nous connnoître les Cosaques?

Les Cosaques sont au milieu de l'Europe, vers l'orient, au nord de la mer Noire, au midi de la Russie, vers le 50e degré de latitude, et le 35e de longitude, sous la zone tempérée, au 8e climat. Ils sont blancs, bien faits, séparés de l'église, vivant en société sous le gouvernement des Russes.

ARTICLE III.

PEUPLES DU MIDI DE L'EUROPE.

Quels sont les peuples du midi de l'Europe?

Ce sont les Portugais, les Espagnols, les Italiens, les Grecs, les Turcs.

1. LES PORTUGAIS.

Faites-nous connoître les Portugais ?

Les Portugais sont au midi de l'Europe, vers l'ouest, entre le 37e et le 42e degré de latitude, et entre le 349e et le 352e degré de longitude, sous la zone tempérée, aux 5e et 6e climats d'heures.

Ils sont blancs, grands, catholiques, savans, vivant en société, sous un gouvernement monarchique.

Ils ont les Espagnols au nord et à l'orient, l'Océan au midi et à l'occident.

Le Portugal a 130 lieues du nord au midi, et 60 de l'est à l'ouest. Sa capitale est Lisbonne sur le Tage.

2. LES ESPAGNOLS.

Faites-nous connoître les Espagnols ?

Les Espagnols sont au midi de l'Europe,

entre le 36e et le 44e degré de latitude, et entre le 348e et le premier degré de longitude, sous la zone tempérée, aux 6e et 7e climats d'heures.

Ils sont grands, bien faits, savans, catholiques, humains, vivant en société sous un gouvernement monarchique.

Ils ont les Français et l'Océan au nord, les Portugais et l'Océan à l'occident, la Méditerranée à l'orient et au midi.

L'Espagne a environ 200 lieues du sud au nord, et 225 de l'ouest à l'est. C'est une presqu'île. Sa capitale est Madrid. On remarque, à l'occident de l'Espagne, le cap Finistère, qui est la pointe de terre la plus occidentale de l'Europe.

3. LES ITALIENS.

Faites-nous connoître les Italiens ?

Les Italiens sont au midi de l'Europe, dans une presqu'île, entre le 38e et 47e de latitude, et entre le 4e et 17e degré de longitude, sous la zone tempérée, aux 5e, 6e et 7e. climats d'heures.

Ils sont blancs, grands, catholiques, vivant en société sous différens gouvernemens.

Ils ont les Suisses et les Allemans au nord,

les Français, la mer de Ligurie, et la mer de Toscane à l'occident, la mer Adriatique ou golfe de Venise à l'orient, la mer d'Ionie au midi.

L'Italie a environ 260 lieues du nord au midi, et 125 d'orient en occident dans sa partie septentrionale, et 60 dans sa partie méridionale. Sa capitale est Rome.

4. LES GRECS.

Faites-nous connoître les Grecs ?

Les Grecs sont dans une presqu'île, au midi de l'Europe, entre le 30e et le 42e degré de latitude, et entre le 17e et le 23e degré de longitude, sous la zone tempérée, aux 5e et 6e climats d'heures.

Ils sont blancs, grands, beaux, bien faits, séparés de l'église, mahométans, vivant en société sous le gouvernement des Turcs.

Ils ont les Hongrois et les Turcs au nord, l'Archipel à l'orient, la mer d'Ionie au midi, la mer Adriatique à l'occident.

La Grèce a environ 140 lieues du sud au nord, 100 de l'orient à l'occident dans sa partie septentrionale, et 40 dans sa partie méridionale. Elle étoit autrefois la patrie de la liberté et des arts, elle est aujourd'hui le séjour

de la servitude et de l'ignorance. Son extrémité méridionale s'appelle cap Matapan.

5. LES TURCS.

Faites-nous connoître les Turcs ?

Les Turcs sont au midi de l'Europe, vers
l'orient, entre le 40e et le 48e degré de latitude, et entre le 15e et le 27e degré de longitude, sous la zone tempérée, aux 6e, 7e et
8e climats d'heures.

Ils sont blancs, grands, bien faits, mahométans, poligames, vivant en société sous un
gouvernement despotique.

Ils ont les Grecs et l'Archipel au midi, la
mer Noire et le détroit des Dardanelles à
l'orient, la mer Adriatique et les Hongrois,
à l'occident, les Polonais et les Russes au nord.

La Turquie a environ 200 lieues du sud au
nord, et autant de l'ouest à l'est. On y remarque le Danube, fleuve qui prend sa source à
l'occident de l'Allemagne, qu'il traverse,
ainsi que la Hongrie et la Turquie d'occident
en orient, et se jette dans la mer Noire. La capitale est Constantinople.

ARTICLE IV.

PEUPLES DES ILES DE L'EUROPE.

FAITES-NOUS connoître les peuples des îles de l'Europe ?

Ce sont dans l'Océan les Anglois, les Écossois, les Irlandois, les Islandois ; dans la méditerranée, les Corses, les Sardes, les Siciliens et les Candiotes.

INSULAIRES DE L'OCÉAN.

I. LES ANGLOIS.

Faites-nous connoître les Anglois ?

Les Anglois sont au nord de l'Europe, **vers** l'occident, dans une île appelée Grande-Bretagne, qui s'étend entre le 50e et le 59e degré de latitude, et entre le 351e et 360e de longitude, sous la zone tempérée, approchant la zone glaciale, vers le nord, depuis le 8e jusqu'au 12e climat d'heures.

Cette île a environ 225 lieues du sud au nord, et 150 de l'ouest à l'est. Elle a au nord la mer d'Écosse, à l'orient la mer d'Allemagne, à l'occident la mer d'Irlande, et au midi la Manche qui la sépare de la France,

Les Anglois qui en habitent la partie méridionale, qui prend le nom d'Angleterre, sont blancs, grands, beaux, bien faits, séparés de l'église, humains, vivant en société sous un gouvernement monarchique. Ils ont les Ecossois au nord, les Français au midi, les Irlandois à l'occident, les Danois et les Hollandois à l'orient. La capitale de l'Angleterre est Londres sur la Tamise.

2. LES ECOSSOIS.

Faites-nous connoître les Ecossois ?

Les Ecossois sont au nord de la Grande-Bretagne qui prend le nom d'Ecosse. Ils sont blancs, grands, séparés de l'église, vivant en société sous le même gouvernement que les Anglois qu'ils ont au midi. La mer les environne au nord, à l'orient et à l'occident.

3. LES IRLANDOIS.

Faites-nous connoître les Irlandois ?

Les Irlandois sont au nord de l'Europe, vers l'occident, dans une île qui s'étend entre le 51e et 56e degré de latitude, et entre le 347e et le 352e degré de longitude, sous la zone tempérée, aux 9e, 10e et 11e climats d'heures.

Ils sont blancs, grands, beaux, bien faits, catholiques, séparés de l'église, vivant en société sous le gouvernement d'Angleterre.

L'Irlande a environ 100 lieues du sud au nord, et 60 de l'orient à l'occident. Sa capitale est Dublin.

4. LES ISLANDOIS.

Faites-nous connoître les Islandois ?

Les Islandois sont au nord de l'Europe, dans une île, sous le grand méridien, et sous le cercle polaire, à la fin de la zone tempérée, au commencement de la zone glaciale, aux derniers climats d'heures et au 1er. de mois.

Ils sont olivâtres, petits, séparés de l'église, idolâtres, poligames, sauvages.

L'Islande a environ 130 lieues de l'ouest à l'est, et 60 du sud au nord.

INSULAIRES DE LA MÉDITERRANÉE.

1. LES CORSES.

Faites-nous connoître les Corses ?

Les Corses sont dans une île de la méditerrannée, d'environ 55 lieues de long, au 41e degré de latitude, et au 6e de longitude, au 6e climat d'heures, sous la zone tempérée, au

(55)

sud-est de la France, au midi et à l'occident
de l'Italie.

Ils sont blancs, grands, bien faits, catholiques, vivant en société sous le gouvernement
Français. La capitale de la Corse est Bastia.

2. LES SARDES.

Faites-nous connoître les Sardes ?

Les Sardes sont au midi de la Corse, dans
une île de la Méditerranée, appelée Sardaigne,
de 53 lieues de long sur 30 de large, au 40e
degré de latitude et de de longitude, sous la
zone tempérée, au 6e climat d'heures.

Ils sont blancs, grands, bien faits, catholiques, vivant en société sous un gouvernement monarchique. La capitale de la Sardaigne
est Cagliari.

3. LES SICILIENS.

Faites-nous connoître les Siciliens ?

Les Siciliens sont au midi de l'Europe, dans
une île de la Méditerranée, au sud de l'Italie,
sous la zone tempérée, aux 5e climat, 37e
degré de latitude, et 12e de longitude.

Ils sont blancs, grands, savans, catholiques,
vivant en société sous le gouvernement du

roi de Naples, dans la partie méridionale de l'Italie.

La Sicile a environ 66 lieues de long sur 45 de large. Sa capitale est Palerme.

4. LES CANDIOTES.

Faites-nous connoître les Candiotes ?

Les Candiotes sont dans une île de la Méditerranée appelée Candie, au midi de la Grèce, au 35e degré de latitude, et 22e de longitude, sous la zone tempérée, au 5e climat d'heures.

Ils sont blancs, grands, bien faits, mahométans, poligames, humains, vivant en société sous le gouvernement des Turcs.

Cette île, appelée autrefois Crète, a 80 lieues de long, 20 de large, 200 de tour. Sa capitale est Candie.

CHAPITRE III.

DE L'ASIE.

QU'EST-CE que l'Asie ?

L'Asie est une des quatre parties du monde, la plus grande des trois de l'ancien continent. Elle est dans l'hémisphere oriental, dans la partie Septentrionale, vers l'orient. Elle s'étend depuis l'equateur jusqu'au 76e degré de latitude septentrionale, et depuis le 24e jusqu'au 181e degré de longitude, au nord-ouest de l'hémisphere occidental. Elle est sous la zone torride, vers le midi, sous la tempérée au centre, et sous la glaciale au nord, depuis le commencement du 1er climat d'heures, jusqu'au 3e de mois.

Son étendue est d'environ 1900 lieues du sud au nord, et de 3000 de l'occident à l'orient.

Ses limites sont au nord la mer Glaciale, au midi la mer des Indes, à l'orient l'Océan oriental, appelé Grande mer, mer Pacifique et mer du Sud; à l'occident l'Europe, la mer Noire, l'Archipel, ou mer Egée, la Méditerrande, l'isthme de Suez et la mer Rouge.

Nous divisons les peuples de l'Asie, appelés Asiatiques, en peuples du nord, peuples du milieu, peuples du midi, et en peuples des îles ou Insulaires.

ARTICLE PREMIER.

PEUPLES DU NORD DE L'ASIE.

QUELS sont les peuples du nord de l'Asie ?
Les peuples du nord de l'Asie sont nom-

més Tartares Russiens. Ils sont sous la do-
mination de la Russie d'Europe, et s'étendent
depuis le 45e degré de latitude, au nord-est
de la mer Noire, jusqu'au 76e, et depuis le
40e, jusqu'au 181e degré de longitude, sous
la zone tempérée, et au commencement de la
zone glaciale, depuis le 6e climat d'heures,
jusqu'au 3e de mois.

Ils sont en général olivâtres, laids, moyens,
séparés de l'église, mahométans, idolâtres,
poligames.

Ils ont la mer Glaciale au nord, les Tartares indépendans et les Tartares Chinois au
midi, les Russes Européens à l'occident, et
l'Océan oriental à l'orient.

La Tartarie Russienne a plus de 800 lieues
du sud au nord, et 1000 de l'occident à l'orient.

Sa capitale est Tobolsk, au 58e degré de latitude, et au 100e de longitude, au 11e climat.
Ses habitans sont olivâtres, séparés de l'église,
mahométans, poligames; les uns sauvages,
les autres vivant en société sous le gouvernement de la Russie d'Europe.

*Les Tartares Russiens ne forment-ils pas plu-
sieurs peuples ?*

Oui, ils en forment plusieurs, dont les uns

uns sont au-delà du cercle polaire et les autres en-deçà.

TARTARES RUSSIENS AU-DELA DU CERCLE POLAIRE.

Quels sont les Tartares Russiens au-delà du cercle polaire ?

Ce sont les Samoiedes, les Jakutes, les Jukagres, les Tzachalatzkes, les Tzukczis.

Faites-nous connoître les Samoiedes ?

Les Samoiedes sont au nord de l'Asie, dans la Tartarie Russienne, au-delà du cercle polaire, au 60e degré de longitude, et s'étendent jusqu'au 74e de latitude, sous la zone glaciale, aux 1er, 2e et 3e climats de mois.

Ils sont olivâtres, petits, laids, séparés de l'église, idolâtres, sauvages, poligames.

Faites-nous connoître les Jakutes ?

Les Jakutes sont au nord de l'Asie, dans la Tartarie Russienne, dessous et au-delà du cercle polaire, au 120e degré de longitude, et s'étendent jusqu'au 76e de latitude, sur les bords de la mer Glaciale, aux 1er, 2e et 3e climats de mois, sous la zone froide.

Ils sont olivâtres, petits, idolâtres, sauvages, poligames.

Faites-nous connoître les Jukagres ?

Les Jukagres sont au nord de l'Asie, dans la Tartarie Russienne, au-delà du cercle polaire, sur les bords de la mer Glaciale, vers le 73e degré de latitude, et le 130e de longitude, aux 2e et 3e climats de mois, sous la zone froide.

Ils sont olivâtres, petits, laids, idolâtres, sauvages.

Faites-nous connoître les Tzachalatzkes ?

Les Tzachalatzkes sont au nord-est de l'Asie, dans la Tartarie Russienne, au-delà du cercle polaire, sur le bord de la mer Glaciale, sous le grand méridien, au 160e degré de longitude, et s'étendent jusqu'au 72e de latitude, aux 1er et 2e climats de mois, sous la zone froide.

Ils sont olivâtres, petits, sauvages, cruels.

Faites-nous connoître les Tzukezis ?

Les Tzukezis sont au nord de l'Asie, dans la Tartarie Russienne, au nord-ouest de l'hémisphere occidental, au-delà du cercle polaire, sur les bords de la mer Glaciale, près le détroit du nord de 6 lieues de large, qui sépare l'Asie d'avec l'Amérique, au 180e degré de longitude, et s'étendent jusqu'au 73e de latitude, aux 1er, 2e et 3e climats de mois, sous la zone froide.

Ils sont olivâtres, petits, sauvages, cruels.

2. TARTARES RUSSIENS EN-DEÇA DU CERCLE POLAIRE.

Quels sont les Tartares Russiens, en-deçà du cercle polaire ?

Ce sont les Koreiskis, les Korekes, les Kamtchadales, les Kurilows, les Olutoreks, les Tongousses, les Ostiakes, les Czeremitzes, les Nogais,

Faites - nous connoître les Koreiskis ?

Les Koreiskis sont au nord de l'Asie, dans la Tartarie Russienne, à l'extrémité orientale, au 65e degré de latitude, et au 100e de longitude, dessous et au-delà du grand méridien, dans l'hémisphere occidental, près du cercle polaire, sur les bords de la mer du Sud, aux derniers climats d'heures, à la fin de la zone tempérée.

Ils sont olivâtres et inconnus pour le reste.

Faites - nous connoître les Koreskes ?

Les Koreskes sont au nord de l'Asie, dans la Tartarie Russienne, près du grand méridien et du cercle polaire, aux derniers climats d'heures, à la fin de la zone tempérée, au 160e degré de longitude.

Ils sont olivâtres, sauvages, cruels.

Faites-nous connoître les Kamtchadales ?

Les Kamtchadales sont au nord de l'Asie, dans la Tartarie Russienne, dans une grande presqu'île appelée Kamschatka, qui a plus de 200 lieues du nord au midi, et s'étend depuis le 52e degré de latitude jusqu'au-delà du 60e, au 155e degré de longitude, vers la fin de la zone tempérée, aux 9e, 10e, 11e et 12e climats d'heures.

Ils sont olivâtres, sauvages, nuds.

Faites-nous connoître les Kurilows ?

Les Kurilows sont au nord de l'Asie, dans la Tartarie Russienne, vers l'orient, au midi de la presqu'île du Kamschatka, au 9e climat, au 42e degré de latitude, et au 155e degré de longitude, sous la zone tempérée.

Ils sont olivâtres, petits, sauvages.

Faites-nous connoître les Olutorsks ?

Les Olutorsks sont au nord de l'Asie, dans la Tartarie Russienne, vers l'orient, entre une grande chaîne de montagnes et la mer, appelée golfe d'Amur, au 60e degré de latitude, et au 145e de longitude, à la fin de la zone tempérée, au 13 climat, d'heures.

Ils sont olivâtres, sauvages, poligames, cruels.

Faites-nous connoître les Tongousses ?

Les Tongousses sont au nord de l'Asie, dans la Tartarie Russienne, vers le 60e degré de latitude et le 100e de longitude, à la fin de la zone tempérée, au 13e climat d'heures.

Ils sont olivâtres, moyens, idolâtres, sauvages, nuds, poligames.

Faites-nous connoître les Ostiakes ?

Les Ostiakes sont au nord de l'Asie, dans la Tartarie Russienne, à l'orient d'une chaîne de montagnes, vers le 60e degré de latitude, et le 30e de longitude, à la fin de la zone tempérée, au 13e climat d'heures.

Ils sont olivâtres, séparés de l'église, idolâtres, poligames.

Faites-nous connoître les Czeremitzes ?

Les Czeremitzes sont au nord de l'Asie dans la Tartarie Russienne, sur les frontieres de l'Europe, vers le 55e degré de latitude et le 50e degré de longitude, sous la zone tempérée, au 10e climat d'heures.

Ils sont blancs du côté du midi, olivâtres vers le nord, idolâtres, mahométans, sauvages.

Faites-nous connoître les Nogais ?

Les Nogais sont au nord de l'Asie, dans la

Tartarie Russienne, sur la gauche du fleuve
du Volga, au 50e degré de latitude, et au
50e de longitude, sous la zone tempérée, au
5e climat.

Ils sont blancs, mahométans, cruels.

*N'y a-t-il pas des fleuves et des montagnes
dans la Tartarie Russienne?*

Oui, il y a plusieurs fleuves qui se jettent
dans la mer glaciale ; les principaux sont l'Oby,
au pays des Samoiedes ; le Jenisea, entre les
Ostiakes et les Tongousses, et le Lena, au
pays des Jakutes.

On y voit aussi deux chaînes de montagnes,
l'une à l'occident, appelée montagnes de Sibé-
rie, et l'autre vers l'orient, appelée montagnes du Kamschatka.

ARTICLE II.

DES PEUPLES DU MILIEU DE L'ASIE.

QUELS *sont les peuples du milieu de l'Asie ?*
Les peuples du milieu de l'Asie sont ou à
l'occident, ou dans l'intérieur, ou à l'orient.

1. PEUPLES A L'OCCIDENT.

*Quels sont les peuples au milieu de l'Asie,
à l'occident.*

(63)

Ce sont les Circassiens, les Mingréliens, les Géorgiens, les Arméniens, les Turcs Asiatiques.

Faites-nous connoître les Circassiens ?

Les Circassiens sont au milieu de l'Asie à l'occident, au nord-est de la mer Noire, au sud-est de la mer Caspienne, entre les fleuves du Don et du Volga, au 47e degré de latitude et au 45e de longitude, sous la zone tempérée, à la fin du 7e climat d'heures.

Ils sont blancs, beaux, bien faits, mahométans, cruels.

La Circassie fait aussi partie de la Tartarie Russienne.

Faites-nous connoître les Mingréliens ?

Les Mingréliens sont au milieu de l'Asie, à l'occident, entre la mer Noire, et la mer Caspienne, vers le 46e degré de latitude, et le 45e de longitude, sous la zone tempérée, au 7e climat.

Ils sont blancs, grands, beaux, bien faits, séparés de l'église, cruels.

Faites-nous connoître les Géorgiens ?

Les Géorgiens sont au milieu de l'Asie, à l'occident, entre la mer Noire et la mer Caspienne, au 45e degré de latitude, et au 45e de longitude, sous la zone tempérée, au 7e climat.

Ils sont blancs, beaux, grands, catholiques, séparés de l'église, cruels.

Faites - nous connoître les Arméniens.

Les Arméniens sont au milieu de l'Asie, à l'occident, entre la mer Noire et la mer Caspienne, vers le 40e degré de latitude, et au 40e de longitude, sous la zone tempérée, au 6e climat.

Ils sont blancs, grands, beaux, séparés de l'église, humains, vivant en société.

Faites-nous connoître les Turcs Asiatiques ?

Les Turcs Asiatiques sont au milieu de l'Asie, à l'occident, dans une grande presqu'île, appelée Natolie, autrefois Asie mineure, qui a la mer Noire au nord, la Méditerranée au midi, l'Archipel à l'occident, et les Perses à l'orient. Ils s'étendent ensuite sur les côtes orientales de la Méditerranée, jusqu'à l'isthme de Suez, qui joint l'Asie à l'Afrique, sous la zone tempérée, aux 4e, 5e et 6e climats.

Ils sont blancs, grands, bien faits, séparés de l'église, mahométans, cruels, poligames, vivant en société sous le même gouvernement que les Turcs Européens.

(65)

A 18 lieues de la Méditeranée, on trouve
Jerusalem, au 32e degré de latitude, et au 33e
de longitude, au 4e climat, sous la zone tempérée. Ses habitans sont blancs, catholiques,
séparés de l'église.

Il y a aussi dans la Turquie Asiatique deux
fleuves qui se jettent dans le golfe Persique,
au midi de l'Asie : ce sont l'Euphrate à l'occident, et le Tigre à l'orient.

2. PEUPLES DANS L'INTÉRIEUR.

Quels sont les Peuples de l'intérieur de l'Asie ?

Les peuples de l'intérieur de l'Asie sont à
l'orient de la mer Caspienne, et s'appellent
Tartares indépendans. Ils s'étendent depuis le
25e jusqu'au 55e degré de latitude, et depuis
le 51e jusqu'au 100e degré de longitude, en al-
lant du nord-ouest, au sud-est, sous la zone
tempérée, au commencement du 4e climat,
jusqu'au 9e inclusivement.

Ils ont au nord, les Tartares Russiens, les
Chinois à l'orient, au midi les Perses et les
Indiens dont ils sont séparés par une longue
chaîne de montagnes, appelée les monts du
Tibet.

Ils forment plusieurs peuples; savoir : les

F 3

Turkmens, les Usbeks, les Turkestans, les Bukariens, les Kalmouks, les Kangles, les Tibériens.

Faites-nous connoître les Turkmens ?

Les Turkmens sont au nord-est de la mer Caspienne, au milieu de l'Asie, dans la Tartarie indépendante, au 45e degré de latitude, et au 60e de longitude, sous la zone tempérée, au 7e climat.

Ils sont blancs, grands, laids, mahométans, idolâtres, sauvages.

A leur orient on voit un grand lac, appelé le lac d'Aral.

Faites-nous connoître les Usbeks ?

Les Usbeks sont au milieu de l'Asie, dans la Tartarie indépendante, à l'orient de la mer Caspienne, au 40e degré de latitude, et au 95e degré de longitude, sous la zone tempérée, au 6e climat.

Ils sont blancs, moyens, mahométans, sauvages.

Faites-nous connoître les Turkestans ?

Les Turkestans sont au midi de l'Asie, l'orient de la mer Caspienne et du lac d'Aral, dans la Tartarie indépendante, vers le 45e degré de latitude, et le 65e de longitude, sous la zone tempérée, au 7e climat.

Ils sont blancs, bien faits, mahométans, sauvages.

Faites-nous connoître les Bukariens ?

Les Bukariens sont au milieu de l'Asie,
au nord de la mer Caspienne, dans la Tartarie
indépendante, au 42e degré de latitude, et au
7ce de longitude, sous la zone tempérée, au
6e climat.

Ils sont blancs, grands, beaux, bien faits,
mahométans, humains.

Faites-nous connoître les Kalmouks ?

Les Kalmouks sont au milieu de l'Asie, au
nord-est de la mer Caspienne, dans la Tartarie indépendante, vers le 50e degré de latitude, et le 7ce de longitude, sous la zone
tempérée, aux 7e et 8e climats.

Ils sont olivâtres vers le nord, blancs vers
le midi, moyens, laids, idolâtres, sauvages,
poligames, humains.

Faites-nous connoître les Kangles ?

Les Kangles sont au milieu de l'Asie, au
sud-est de la mer Caspienne, dans la Tartarie
indépendante, vers le 36e degré de latitude,
et le 62e de longitude, sous la zone tempérée,
au 5e climat.

Ils sont blancs, sauvages.

Faites-nous connoître les Tibétiens ?

Les Tibétiens sont au milieu de l'Asie, dans la Tartarie indépendante, au nord des monts du Tibet, au 35e degré de latitude, et au 80e de longitude, sous la zone tempérée, au 5e climat.

Ils sont blancs, bien faits, mahométans, idolâtres, humains, vivant en société.

3. PEUPLES A L'ORIENT

Quels sont les peuples du milieu de l'Asie à l'orient ?

Ce sont les Tartares Chinois. Ils s'étendent entre le 30e et le 56e degré de latitude, et entre le 85e et le 141e degré de longitude, sous la zone tempérée, depuis le 4e jusqu'au 9e climat d'heures.

Ils sont olivâtres, moyens, laids, mahométans, idolâtres, sauvages, poligames, et forment plusieurs peuples; savoir : les Sifans, les Kalkas, les Mongousses, les Tahuriz, les Mantcheoux, les Coréens.

Faites-nous connoître les Sifans ?

Les Sifans sont au milieu de l'Asie, vers l'orient, à l'occident des Chinois, dans la Tartarie Chinoise, vers le 35e degré de latitude et le 95e de longitude, sous la zone tempérée, au 5e climat d'heures.

Ils sont basanés, grands, idolâtres, sauvages, poligames.

Faites-nous connoître les Kalkas ?

Les Kalkas sont au milieu de l'Asie, à
l'orient, dans la Tartarie Chinoise, vers le
48e degré de latitude, et au 90e de longitude,
sous la zone tempérée, au 8e climat.

Ils sont olivâtres, laids, idolâtres, sauvages,
poligames.

Faites-nous connoître les Mongousses?

Les Mongousses sont au milieu de l'Asie,
à l'orient, dans la Tartarie Chinoise, vers
le 46e degré de latitude, et le 100e de longitude, sous la zone tempérée, au 7e climat.

Ils sont olivâtres, moyens, laids, idolâtres, sauvages, humains, poligames.

Faites-nous connoître les Tahuriz ?

Les Tahuriz sont au milieu de l'Asie, à
l'orient, dans la Tartarie Chinoise, au 50e
degré de latitude, et au 120e de longitude,
sous la zone tempérée, au 8e climat.

Ils sont olivâtres, moyens, idolâtres, poligames.

Ils ont au nord la riviere de Kerton, et
au midi celle de Songri, qui, en se joignant
forment le Sahalien, ou fleuve d'Amur, qui
se jette dans le golfe ou mer d'Amur.

Faites-nous connoître les Mantcheoux ?

Les Mantcheoux sont au milieu de l'Asie, à l'orient, dans la Tartarie Chinoise, sur les bords de la mer du Japon, vers le 45e degré de latitude, et le 125e de longitude, sous la zone tempérée, au 7e climat.

Ils sont olivâtres, idolâtres, poligames.

Faites-nous connoître les Coréens ?

Les Coréens sont au milieu de l'Asie, à l'orient, dans la presqu'île de Corée, entre le golfe de la Chine et la mer du Japon, dans la Tartarie Chinoise, au 35e degré de latitude, et au 125e de longitude, sous la zone tempérée, aux 5e et 6e climats.

Ils sont olivâtres, bien faits, idolâtres, savans, humains, poligames, vivant en société.

ARTICLE III.

PEUPLES DU MIDI DE L'ASIE.

QUELS sont les peuples du midi de l'Asie ?

Les peuples du midi de l'Asie, sont les Arabes à l'occident, les Chinois à l'orient, les Perses et les Indiens au milieu.

1. LES ARABES.

Faites-nous connoître les Arabes ?

Les Arabes sont au midi de l'Asie, à l'occident, dans une presqu'île, appelée Arabie, dont le nord s'appelle Arabie Pétrée, le centre, Arabie Déserte, et le midi, Arabie Heureuse, entre le 13e et 34e degré de latitude, et entre le 31e et le 58e de longitude, depuis la fin du 2e climat, jusqu'au commencement du 5e, sous la zone tempérée, et sous la zone torride, au-dessus du tropique du cancer, qui la traverse par le milieu d'orient en occident.

Les Arabes de l'Arabie Déserte, sont blancs, et sauvages ; ceux de l'Arabie Pétrée, sont basanés, moyens, mahométans, sauvages, poligames ; ceux de l'Arabie Heureuse, sont basanés, moyens, mahométans, savans, poligames, humains, vivant en société.

Ils ont la Turquie Asiatique au nord, la mer des Indes et le détroit de Babel Mandel au midi, la mer Rouge à l'occident, les Perses et le golfe Persique à l'orient.

L'Arabie a environ 500 lieues du sud au nord, et 400 de l'ouest à l'est. Sa capitale est la Mecque, patrie de Mahomet.

2. LES CHINOIS.

Faites-nous connoitre les Chinois ?

Les Chinois sont au midi de l'Asie, à l'orient, entre le 20e et le 42e degré de latitude, et entre le 98e et le 120e degré de longitude, à la fin de la zone torride, et au commencement de la zone tempérée, depuis le 3e jusqu'au 6e climat d'heures.

Ils sont olivâtres, moyens, idolâtres, catholiques, savans, humains, poligames, vivant en société.

Ils ont au nord les Tartares Chinois, dont ils sont séparés par une muraille de plus de 400 lieues, à l'occident les Tartares indépendans, à l'orient et au midi l'Océan oriental, ou mer de la Chine.

La Chine a plus de 500 lieues du sud au nord, et presqu'autant de l'ouest à l'est. On remarque vers le centre deux fleuves : le Kian au midi, le Hoan au nord.

La capitale est Pekin, au 40e degré de latitude, et au 115e de longitude, au 6e climat.

3. LES PERSES.

Faites-nous connoitre les Perses ?

Les Perses sont au midi de l'Asie, entre le

24ᵉ et le 43ᵉ degré de latitude, et entre le 41ᵉ et le 64ᵉ degré de longitude, au commencement de la zone tempérée, aux 4ᵉ, 5ᵉ et 6ᵉ climats d'heures.

Ils sont blancs, grands, bien faits, catholiques, mahométans, savans, poligames, humains, vivant en société sous un gouvernement monarchique.

Ils ont la mer Caspienne au nord, la mer des Indes au midi, les mogols à l'orient, la Turquie Asiatique et les Arabes à l'occident.

La Perse a environ 400 lieues du sud au nord, et autant de l'ouest à l'est. Sa capitale est Ispahan.

4. LES INDIENS.

Faites-nous connoître les Indiens ?

Les Indiens sont au midi de l'Asie, entre l'équateur et le 35ᵉ degré de latitude septentrionale, et entre 62ᵉ et le 108ᵉ degré de longitude, sous la zone torride et au commencement de la zone tempérée, depuis le 1ᵉʳ jusqu'au 5ᵉ climat d'heures.

Ils tirent leur nom du fleuve de l'Inde, qu'ils ont à l'occident, et qui se jette dans la mer de Perse, après avoir coulé du nord-est au sud-ouest. Leur pays qu'on appelle les

G

Indes orientales , se termine vers le midi en deux presqu'îles; l'une occidentale, nommée presqu'île en-deçà du Gange ; l'autre orientale , nommée presqu'île au-delà du Gange ; à cause du fleuve du Gange qui se jette entr'elles dans le golfe de Bengale.

Les Indiens forment plusieurs peuples : ce sont les Cachemiriens, les Mogols, ceux de Golconde, les Surates, les Malabares, les Chousias, les Aracans, les Péguans, les Siamois, les Malayes, les Camboyens, les Cochinchinois, les Tonquinois.

Faites-nous connoître les Cachemiriens ?

Les Cachemiriens sont au midi de l'Asie, au nord de l'Inde, vers le 34e degré de latitude, et le 70e de longitude, au commencement de la zone tempérée, au 5e climat.

Ils sont blancs, grands, beaux, bien faits , mahométans, idolâtres, savans, poligames, vivant en société.

Ils ont au nord et à l'orient les monts du Tibet, à l'occident les Perses, au midi les Mogols dont ils dépendent.

Faites-nous connoître les Mogols ?

Les Mogols sont au midi de l'Asie, au nord des Indes, vers le 25e degré de latitude, et au 75e de longitude, au commencement de la zone tempérée, proche le tropique du cancer, aux 3e et 4e climats d'heures.

Ils sont blancs, grands, bien faits, idolâtres, mahométans, poligames, humains, vivant en société sous le gouvernement d'un empereur, appelé le Grand Mogol.

Ils ont les Perses à l'occident, les Cachemiriens au nord, les monts du Tibet du côté de l'orient, et la presqu'île en-deçà du Gange au midi.

Faites-nous connoître les peuples de Golconde ?

Les peuples de Golconde sont au midi de l'Asie, dans la presqu'île en-deçà du Gange, vers le 20e degré de latitude, et le 70e de longitude, sous la zone torride, et au 3e climat.

Ils sont basanés, bien faits, idolâtres, mahométans, poligames, vivant en société.

Dites-nous quels sont les Surates ?

Les Surates sont au midi de l'Asie, dans la presqu'île en deçà du Gange, vers le 20e degré de latitude, et le 70e de longitude, sous la zone torride, au 3e climat.

Ils sont basanés, grands, bien faits, mahométans, catholiques, humains.

Faites-nous connoître les Malabars ?

Les Malabars sont au midi de l'Asie, sur la côte occidentale de la presqu'île en-deçà du

Gange, appelée côte de Malabar, vers le 12e degré de latitude, et le 72e de longitude, sous la zone torride, au 2e climat.

Ils sont basanés, grands, bien faits, catholiques, idolâtres, mahométans, poligames, vivant en société.

Faites-nous connoître les Chousias ?

Les Chousias sont au midi de l'Asie, dans la presqu'île en-deçà du Gange, sur la côte orientale appelée Coromandel, vers le 12e degré de latitude, et le 80e de longitude, sous la zone torride, au 2e climat.

Ils sont basanés, laids, catholiques, mahométans, idolâtres, poligames, vivant en société.

La pointe méridionale de la presqu'île, se nomme cap Comorin.

Faites-nous connoître les Aracans ?

Les Aracans sont au midi de l'Asie, dans la presqu'île au-delà du Gange, au 90e degré de longitude, et le 22e de latitude, sous la zone torride, au 3e climat.

Ils sont basanés, laids, idolâtres, poligames, vivant en société sous un roi.

Faites-nous connoître les Péguans ?

Les Péguans sont au midi de l'Asie, dans la presqu'île au-delà du Gange, vers le 18e degré de latitude, et le 92e degré de longitude, sous la zone torride, au 3e climat.

Ils sont basanés, moyens, bien faits, idolâtres, catholiques, humains, poligames, vivant en société sous un roi.

Faites-nous connoître les Siamois ?

Les Siamois sont au midi de l'Asie, dans la presqu'île au-delà du Gange, vers le 12e degré de latitude, et le 95e de longitude, sous la zone torride, au 2e climat.

Ils sont basanés, moyens, laids, bien faits, idolâtres, catholiques, poligames, vivant en société.

Faites-nous connoître les Malayes ?

Les Malayes sont au midi de l'Asie, à l'extrémité méridionale de la presqu'île au-delà du Gange, appelée presqu'île de Malaca, près de l'équateur, au 100e degré de longitude, sous la zone torride, au 1er climat.

Ils sont basanés, idolâtres, mahométans, humains.

Faites-nous connoître les Camboyens ?

Les Camboyens sont au midi de l'Asie, dans la presqu'île au-delà du Gange, vers le 10e de latitude, et le 100e de longitude, sous la zone torride, au 2e climat.

Ils sont basanés, idolâtres, catholiques.

Faites-nous connoître les Cochinchinois ?

Les Cochinchinois sont au midi de l'Asie, dans la presqu'île au-delà du Gange, sur la côte orientale, vers le 15e degré de latitude, et le 105e de longitude, sous la zone torride, au 2e climat.

Ils sont basanés, idolâtres, catholiques, humains, vivant en société.

Faites-nous connoître les Tonquinois ?

Les Tonquinois sont au midi de l'Asie, dans la presqu'île au-delà du Gange, sur la côte orientale, vers le 20e degré de latitude, et le 102e de longitude, sous la zone torride, au 3e climat.

Ils sont basanés, moyens, idolâtres, savans, poligames, vivant en société.

Il y a dans la presqu'île au-delà du Gange, trois fleuves ; ce sont, à l'occident, le Pegu et le Menankiou, le plus considérable, qui se jettent dans le golfe de Bengale ; à l'orient le Mécon, qui se jette dans la mer au sud-est.

ARTICLE IV.

PEUPLES DES ILES DE L'ASIE.

Quels sont les peuples des îles de l'Asie ?

Les peuples des îles de l'Asie sont, ou dans la Méditerranée, ou dans l'Océan oriental, ou dans la mer des Indes.

1. Insulaires Asiatiques de la Méditerranée.

Quels sont les Insulaires Asiatiques de la Méditerranée ?

Ce sont, 1º : les peuples de Chipre ; île à l'occident de l'Asie, vers le 35e degré de latitude, et le 31e de longitude, au 5e climat, sous la zone tempérée.

Ils sont blancs, mahométans, poligames.

2o. Les peuples de Scio, île également à l'orient de l'Asie, vers le 33e degré de latitude, et le 29e de longitude, à la fin du 4e climat d'heures.

Ils sont blancs, mahométans, catholiques, séparés de l'église.

2. Insulaires Asiatiques de l'Océan oriental.

Quels sont les Insulaires Asiatiques de l'Océan oriental ?

Ce sont les Japonois, les Lékéyens, les Formosans, les Limuchans, les Tagales, les Pintados, les Mindanayens, les Manhiens, les Bissayes.

Faites-nous connoître les Japonois ?

Les Japonois sont à l'orient de l'Asie, dans plusieurs îles de l'Océan oriental, vers le 35e degré de latitude, et le 140e de longitude, sous la zone tempérée, aux 4e, 5e et 6e climats.

Ils sont olivâtres, moyens, mal-faits, laids, idolâtres, savans, humains, poligames.

Faites-nous connoître les Lékéyens ?

Les Lékéyens sont les habitans de l'île de Licoukieou, à l'orient de l'Asie, dans l'Océan oriental, ou mer de la Chine, au 28e degré de latitude, et le 125e de longitude, sous la zone tempérée, au 4e climat.

Ils sont olivâtres, idolâtres, humains, vivant en société.

Faites-nous connoître les Formosans ?

Les Formosans sont les peuples de l'île Formose, dans la mer de la Chine, à l'orient de l'Asie, sous le tropique du cancer, au 120e degré de longitude, à la fin de la zone torride, et au commencement de la zone tempérée, au 3e climat d'heures.

Ils sont olivâtres, idolâtres, humains, poligames, vivant en société, sauvages, nuds,

Faites-nous connoître les Limuchans ?

Les Limuchans sont des habitans de l'île de Haman, dans le golfe de la Cochinchine, à l'orient de l'Asie, vers le 19e degré de latitude, et le 108e de longitude, sous la zone torride, au 3e climat.

Ils sont basanés, petits, laids, mal-faits, nuds.

Faites-nous connoître les Tagales ?

Les Tagales sont des habitans de l'île Manille, la plus septentrionale des îles Philippines, dans l'Océan oriental, vers le 15e dégré de latitude, et le 120e de longitude, aux 2e et 3e climats, sous la zone torride.

Ils sont basanés, moyens, idolàtres, sauvages, nuds.

Les peuples du midi de cette île, sont appelés les Noirs.

Ils sont bien faits, catholiques, humains.

Faites-nous connoître les Pintados ?

Les Pintados sont les habitans de l'île de Samar ; l'une des Philippines, dans l'Océan oriental, au sud-est de l'Asie, vers le 12e degré de latitude, et le 124e degré de longitude, sous la zone torride, au 2e climat.

Ils sont basanés, mahométans, nuds, cruels.

Faites-nous connoître les Mindanayens ?

Les Mindanayens sont les habitans de l'île de Mindanao, l'une des Philippines, dans l'Océan oriental, au sud-est de l'Asie, vers le 7e degré de latitude, et le 120e de longitude, sous la zone torride, au 1er climat.

Ils sont basanés, mahométans, sauvages, poligames.

Faites-nous connoître les Manhiens ?

Les Manhiens sont les habitans de l'île Mindoro, l'une des Philippines, dans l'Océan oriental, au sud-est de l'Asie, vers le 10e degré de latitude, et le 120e de longitude, sous la zone torride, au 2e climat.

Ils sont basanés, moyens, bien faits, catholiques, idolâtres, sauvages.

On trouve encore dans les Philippines, l'île des Noirs, où les peuples sont sauvages, et nuds.

Faites-nous connoître les Bissayes ?

Les Bissayes sont les peuples des îles Mariannes ou des Larrons, dans l'Océan oriental, depuis le 10e jusqu'au 28e degré de latitude, vers le 142e degré de longitude, sous les zones torride et tempérée, aux 2e, 3e et 4e climats, au-dessous et au-dessus du tropique du cancer.

Ils sont basanés, grands, bien faits, laids, idolâtres, catholiques, humains, poligames, nuds.

3. Insulaires de la mer des Indes

Faites-nous connoître les Insulaires de la mer des Indes ?

Les principaux sont les Hons, les Macassarois, les Beaujons, les Matais, les Javans, les Malais, les Cingales, les Maldivois.

Faites-nous connoître les Hons ?

Les Hons sont les habitans de l'île d'Amboine, au 4e degré de latitude méridionale, et au 119e de longitude, dans la mer des Indes, sous la zone torride, vers la moitié du 1er climat.

Ils sont basanés, catholiques, séparés de l'église, mahométans, idolâtres, poligames.

Faites-nous connoître les Macassarois ?

Les Macassarois sont les peuples de l'île Celèbes, dans la mer des Indes, au 120e degré de longitude, sous l'équateur, et à l'équinoxe perpétuel, au milieu de la zone torride.

Ils sont basanés, grands, séparés de l'église, mahométans, humains, poligames, vivant en société.

Faites-nous connoître les Beaujons ?

Les Beaujons sont les peuples de Bornéo, grande île de la mer des Indes, sous l'équateur, à l'équinoxe perpétuel, au 110e degré de longitude.

Ils sont basanés, moyens, bien faits, idolâtres, mahométans, humains, poligames, vivant en société.

Faites-nous connoître les Matais ?

Les Matais sont les habitans de l'île Timor,

dans la mer des Indes, au 10e degré de latitude méridionale, et au 120e de longitude, sous la zone torride, au commencement du 2e climat.

Ils sont basanés, moyens, séparés de l'église, mahométans, 'nuds, poligames.

Faites-nous connoître les Javans?

Les Javans sont les habitans de l'île de Java dans la mer des Indes, au midi de l'Asie, vers le 8e degré de latitude, et le 104e de longitude, sous la zone torride, au 1er climat.

Ils sont basanés, catholiques, séparés de l'église, mahométans, poligames, vivant en société.

Faites-nous connoître les Malais?

Les Malais sont les habitans de Sumatra, grande île de la mer des Indes, au midi de l'Asie, au 92e degré de longitude, sous l'équateur, à l'équinoxe perpétuel, au milieu de la zone torride.

Ils sont basanés, moyens, idolâtres, mahométans, séparés de l'église, poligames.

Faites-nous connoître les Cingales?

Les Cingales sont les habitans de l'île de Ceilan, à l'entrée du golfe de Bengale, dans la mer des Indes, au midi de l'Asie, vers le 8e degré

8e degré de latitude, et le 8oe de longitude, sous la zone torride, à la fin du 1er climat.

Ils sont basanés, bien faits, séparés de l'église, idolâtres, humains, vivant en société.

Faites-nous connoître les Maldivois ?

Les Maldivois sont les habitans des Maldives, îles nombreuses de la mer des Indes, au midi de l'Asie, à l'occident de la presqu'île en-deçà du Gange, depuis l'équateur, jusqu'au 15e degré de latitude, au 70e degré de longitude, sous la zone tempérée, aux 1er et 2e climats d'heures.

Ils sont basanés, bien faits, mahométans, savans, poligames, nuds, vivant en société.

N'y a-t-il pas encore d'autres îles dans la mer des Indes ?

Oui, il y a, 1o, les îles Pudo-Condor, à l'orient de la presqu'île au-delà du Gange, vers le 8e degré de latitude, et le 95e de longitude, dont les habitans sont basanés, petits, bien faits, idolâtres. 2°. L'île Gilolo, sous l'équateur, au 125e degré de longitude, dont les habitans sont basanés, bien faits, idolâtres. 3°. L'île Timorland, vers le 7e degré de latitude méridionale, et 135e de longitude, dont les habitans, sont basanés, grands, mahométans, cruels. 4°. Les îles Nicobar, dans le golfe de

H

Bengale, dont les habitans sont basanés, grands, beaux, bien faits, idolâtres, nuds.

CHAPITRE IV.

DE L'AFRIQUE.

QU'EST-CE que l'Afrique ?

L'Afrique est la troisieme partie de l'univers, plus grande que l'Europe, et plus petite que l'Asie, dans l'hémisphere oriental, au milieu, vers l'occident.

C'est une grande presqu'île, qui s'étend dans la partie septentrionale, depuis l'équateur jusqu'au 37e dégré et demi de latitude septentrionale; et dans la partie méridionale depuis l'équateur, jusqu'au 35e de latitude méridionale; et entre le 340e et le 51e degré de longitude, sous la zone torride, au commencement de la zone tempérée, depuis le 1er jusqu'au 50 climat d'heures inclusivement.

Elle a environ 1800 lieues du sud au nord, et 1030 de l'ouest à l'est.

Ses limites sont au nord la Méditerranée, qui la sépare de l'Europe; au sud l'Océan méridional; à l'occident l'Océan occidental, ou mer Atlantique ; à l'orient l'isthme de Suez, la mer Rouge et la mer des Indes.

Nous distribuons les peuples de l'Afrique qu'on appelle Africains, en peuples du nord, peuples du milieu, peuples du midi et en peuples des îles.

ARTICLE PREMIER.

PEUPLES DU NORD DE L'AFRIQUE.

QUELS sont les peuples du nord de l'Afrique?

Ce sont les Egyptiens et les Barbaresques.

I. LES EGYPTIENS.

Faites-nous connoître les Egyptiens?

Les Egyptiens sont au nord de l'Afrique, à l'orient, entre le 23e et le 32e degré de latitude, et entre le 22e et le 23e degré de longitude, à l'extrémité de la zone torride, au commencement de la zone tempérée, aux 3e et 4e climats d'heures.

Ils sont blancs vers le nord, basanés vers le midi, mahométans, séparés de l'église, poligames, vivant en société. Ils ont au nord la Méditerranée, au midi les Nubiens, à l'orient la mer Rouge, à l'occident la Barbarie.

H 2

L'Egypte a environ 225 lieues du sud au nord, et 60 de l'occident à l'orient Elle est arrosée et fertilisée par le Nil, grand fleuve qui prend sa source vers le 7e degré de latitude, traverse du sud au nord l'Abissinie, la Nubie, l'Egypte, et se jette dans la Méditerranée, après un cours de plus de 600 lieues.

La capitale de l'Egypte est le Caire sur le Nil. On y remarque aussi Alexandrie sur le bord de la Méditerranée.

2. LES BARBARESQUES.

Faites-nous connoitre les Barbaresques?

Les Barbaresques sont au nord de l'Afrique, au commencement de la zone tempérée, et à la fin de la zone torride, aux 3e, 4e et 5e climats d'heures, entre le 15e et le 37e degré et demi de latitude, le 340e et le 27e degré de longitude.

Ils sont blancs sur les côtes de la Méditerranée, basanés dans l'intérieur du pays, mahométans, poligames, cruels, vivant en société.

Le pays des Barbaresques ne prend-il pas plusieurs noms?

Oui ; il s'appelle au nord Barbarie propre, au milieu Biledulgerid, au midi Sahra ou Désert.

(89)

Faites-nous connoitre la Barbarie propre ?

La Barbarie propre s'étend au nord de l'Afrique, sur les bords de la Méditerranée et de l'Océan occidental, sous la zone tempérée, au 5e climat. On y trouve à l'occident les villes de Fez et de Salé ; sur le bord de la Méditerranée, Alger et Tripoli. Ses habitans sont moyens, mahométans, poligames, cruels, vivant en société. Elle est séparée de l'Espagne par le détroit de Gibraltar.

Faites-nous connoître le Biledulgerid ?

Le Biledulgerid est au nord de l'Afrique, entre la Barbarie propre et le Sahra ou Désert, vers le 30e degré de latitude, au commencement de la zone tempérée, au 4e climat.

Ses peuples sont basanés, moyens, laids, mal-faits, mahométans, sauvages, cruels.

On voit dans le Biledulgerid trois rivieres qui coulent du nord-ouest au sud-est ; savoir : à l'occident le Tafilet ; au milieu le Zis, et à l'orient le Ghir, près duquel est un grand lac appelé mer de Bouca.

Faites-nous connoître le Sahra ou Désert ?

Le Sahra ou Désert est un vaste et aride pays au nord de l'Afrique, au midi du Biledulgerid, au-dessus et au-des ous du tropique du cancer, au 3e climat. Il renferme plusieurs

H 3

peuples; à l'occident sont les Azanghis qui sont basanés, moyens, sauvages. Dans l'intérieur sont les Saraglias, les Sovenzicas, les Bardous, les Lévetas, les Fuergas, les Lamphins qui sont basanés, moyens, beaux, bien faits, mahométans, poligames, cruels.

Il y a au midi du Sahra une grande chaîne de montagnes, qui regne d'occident en orient, qu'on appelle les monts Amedede.

ARTICLE II.

PEUPLES DU MILIEU DE L'AFRIQUE.

Quels sont les peuples du milieu de l'Afrique?

Les peuples du milieu de l'Afrique sont, ou à l'orient, ou dans l'intérieur, ou à l'occident.

1. PEUPLES DE L'ORIENT.

Quels sont les peuples de l'Orient?

Ce sont les Nubiens, les Abissins, les Abaschins, les Bodwis, les Galles, et ceux de la côte d'Ajan.

Faites-nous connoître les Nubiens?

Les Nubiens sont au milieu de l'Afrique, vers l'occident, au midi des Egyptiens, au

20e degré de latitude, et au 30e de longitude, sous la zone torride, au 3e climat.

Ils sont basanés, mahométans, vivant en société, poligames.

La Nubie est traversée du sud au nord par le Nil.

Faites-nous connoitre les Abissins ?

Les Abissins sont au milieu de l'Afrique, vers l'orient, au midi des Nubiens, vers le 10e degré de latitude, et le 30e de longitude, sous la zone torride, au 2e climat d'heures.

Ils sont noirs, grands, beaux, bien faits, séparés de l'église, sauvages, nuds.

L'Abissinie est traversée dans la partie occidental du sud au nord par le Nil, qui y reçoit dans son lit deux autres rivieres.

Faites-nous connoitre les Abaschins ?

Les Abaschins sont au milieu de l'Afrique, sur la côte orientale, près la mer Rouge, vers le 15e degré de latitude, et le 35e de longitude, sous la zone torride et au 2e climat.

Ils sont noirs au midi, basanés au nord, catholiques, mahométans, cruels.

Faites-nous connoitre les Bodwis ?

Les Bodwis sont au milieu de l'Afrique, sur la côte orientale, près le détroit de Babel-Mandel, à l'orient des Abissins, au 10e de-

gré de latitude, et le 4ce de longitude, sous
la zone torride, au 2e climat d'heures.

Ils sont noirs et basanés, sauvages, cruels.

Faites-nous connoitre les Galles ?

Les Galles sont au milieu de l'Afrique,
vers l'orient, au 5e degré de latitude, et au
3ce de longitude, sous la zone torride, au
1er climat.

Ils sont noirs, sauvages, cruels.

*Faites-nous connoitre les peuples de la côte
d'Ajan ?*

Les peuples de la côte d'Ajan sont au milieu de l'Afrique, sur la côte orientale, depuis l'équateur, jusqu'au 12e degré de latitude, entre le 40e et le 51e degré de longitude,
sous la zone tempérée, aux 1er et 2e climats
d'heures.

Ils sont basanés, idolâtres, mahométans,
sauvages.

2. PEUPLES DE L'INTÉRIEUR.

Faites-nous connoitre les peuples de l'intérieur?

Les peuples de l'intérieur sont les peuples
de Nigritie, appelés Ethiopiens, entre le 9e
et le 21e degré de latitude, et entre le 548e
et le 27e degré de longitude, sous la zone
torride, aux 2e et 3e climats;

Ils sont noirs, mal-faits, idolâtres, mahométans, poligames, humains, sauvages, vivant en société.

La Nigritie est traversée, de l'ouest à l'est, par le fleuve du Niger, qui se jette dans un lac vers l'orient. Les peuples au nord de ce fleuve sont basanés.

3. PEUPLES DE L'OCCIDENT.

Quels sont les peuples de l'occident ?

Les peuples de l'occident de l'Afrique, appelés peuples de Guinée, sont les Foules, les Jalofes, les Azagues, les Feloupes, les Papels, les Mandingos, les Sousos, les Quaquas, les Issinois, les Beniniens, les Kalbongos, les Gabons, les peuples des côtes de Serralione, de Malaguette, des Dens et d'Or, et les peuples de Juda.

Faites-nous connoître les Foules ?

Les Foules sont au milieu de l'Afrique, sur la côte occidentale, à la droite du Sénégal, qui coule d'orient en occident, dans l'Océan, vers le 18e degré de latitude, et le 342e de longitude, sous la zone torride, au 3e climat.

Ils sont basanés, moyens, bien faits, mahométans, sauvages, nuds, poligames, humains.

Faites-nous connoitre les Jalofes?

Les Jalofes sont au milieu de l'Afrique, sur la côte occidentale, à la gauche du Sénégal, vers le 16e degré de latitude, et le 341e de longitude, sous la zone torride, au 2e climat.

Ils sont noirs, grands, beaux, bien faits, mahométans, catholiques, nuds, humains, poligames.

Faites-nous connoitre les Azaagues ?

Les Azaagues sont au milieu de l'Afrique, vers l'occident, à la droite du Sénégal, au 15e degré de latitude, et au 34e de longitude, sous la zone torride, au 2e climat.

Ils sont noirs, laids, moyens, sauvages.

Faites-nous connoitre les Feloupes?

Les Feloupes sont au milieu de l'Afrique, sur la côte occidentale, au-dessous de la rivière de Gambie, et au-dessus de celle de St.-Domingue, vers le 14e degré de latitude, et le 343e de longitude, sous la zone torride, au 2e climat.

Ils sont noirs, idolâtres, cruels, poligames, vivant en société.

Faites-nous connoitre les Papels?

Les Papels sont au milieu de l'Afrique, sur la côte occidentale, vers le 12e degré de latitude, et le 345e de longitude, sous la zone torride, au 2e climat.

Ils sont noirs, grands, bien faits, nuds, idolâtres, catholiques.

Faites-nous connoitre les Mandingos ?

Les Mandingos sont au milieu de l'Afrique, à l'occident, vers le 10e degré de latitude, et le 350e de longitude, sous la zone torride, au 2e climat.

Ils sont noirs, idolâtres, mahométans, humains, poligames.

Faites-nous connoitre les Sousos ?

Les Sousos sont au milieu de l'Afrique, à l'occident, vers le 10e degré de latitude, et le 360e de longitude, sous la zone torride, au 2e climat.

Ils sont noirs, mahométans, poligames, humains, vivant en société.

Faites-nous connoitre les Quaquas ?

Les Quaquas sont au milieu de l'Afrique, à l'occident dans la Guinée, vers le 8e degré de latitude, et le 350e de longitude, sous la zone torride, au 1er climat.

Ils sont noirs, grands, bien faits, laids, idolâtres, nuds.

Faites-nous connoitre les Issinois ?

Les Issinois sont au milieu de l'Afrique,

à l'occident, dans la Guinée, vers le 8e degré de latitude, et le 356e de longitude, sous la zone torride, au 1er climat.

Ils sont noirs, grands, bien faits, idolâtres, nuds, poligames.

Faites-nous connoitre les Beniniens?

Les Beniniens sont au milieu de l'Afrique, à l'occident, dans la Guinée, vers le 8e degré de latitude, et le 10e de longitude, sous la zone torride, au 1er climat

Ils sont noirs, moyens, idolâtres, nuds, poligames, humains, vivant en société.

Faites-nous connoitre les Kalbongos?

Les Kalbongos sont au milieu de l'Afrique, à l'occident, dans la Guinée, vers le 6e degré de latitude, et le 6e de longitude, sous la zone torride. au 1er climat.

Ils sont noirs, grands, mal-faits, laids, idolâtres, sauvages, nuds, cruels.

Faites-nous connoitre les Gabons?

Les Gabons sont au milieu de l'Afrique, à l'occident, sur les bords de la mer d'Ethiopie, entre l'équateur et la rivière d'Angre, au 10e degré de longitude, au 1er de latitude, sous la zone torride, et à l'équinoxe perpetuel.

Ils sont laids, idolâtres, sauvages, nuds, cruels.

Faites

Faites -'nous connoitre les peuples de la côte de Serralione ?

Les peuples de Serralione sont au milieu de l'Afrique, sur la côte occidentale de Guinée, au 8e degré de latitude, et au 342e de longitude, entre la riviere de Serralionne, et le cap Tagrin, sous la zone torride, au 1er climat.

Ils sont noirs, bien faits, idolâtres, mahométans, nuds.

Faites-nous connoitre les peuples de Malaguette ?

Les peuples de Malaguette sont au milieu de l'Afrique, sur la côte occidentale de Guinée, entre le cap Tagrin et le cap des Palmes, vers le 6e degré de latitude, et le 344e de longitude, sous la zone torride, au 1er climat.

Ils sont noirs, beaux, bien faits, idolâtres, humains, poligames, nuds.

Faites-nous connoitre les peuples de la côte des Dens ?

Les peuples de la côte des Dens sont au milieu de l'Afrique, à l'occident, sur la côte méridionale de Guinée, entre la côte de Malaguette et la côte d'Or, au 5e degré de latitude, et au 350e de longitude, sous la zone

I

torride, au milieu du 1er climat. Ils ont au midi le cap des 3 Pointes.

Ils sont noirs, idolâtres, nuds, cruels.

Faites-nous connoître les peuples de la côte d'Or ?

Les peuples de la côte d'Or sont au milieu de l'Afrique, à l'occident, sur la côte méridionale de la Guinée, et les bords de la mer d'Ethiopie, vers le 4e degré de latitude, et le 355e de longitude, sous la zone torride, au milieu du 1er climat.

Ils sont noirs, moyens, bien faits, idolâtres, nuds, poligames, vivant en société.

Faites-nous connoître les peuples de Juda ?

Les peuples de Juda sont au milieu de l'Afrique, à l'occident, sur la côte méridionale de la Guinée, et le bord du golfe d'Ethiopie, vers le 360e degré de longitude, et le 7e de latitude, sous la zone torride, au 1er climat.

Ils sont noirs, grands, idolâtres, nuds, poligames, vivant en société. Ils ont à l'occident la riviere d'Ardra, et à l'orient la riviere Formose.

ARTICLE III.

PEUPLES DU MIDI.

Quels sont les peuples du midi de l'Afrique?

Les peuples du midi de l'Afrique, dont la plupart sont désignés sous le nom de Cafres, c'est-à-dire infidèles, sont, ou sur la côte occidentale, ou sur la côte orientale, ou à l'extremité méridionale, ou dans l'intérieur.

I. PEUPLES DE LA CÔTE OCCIDENTALE.

Quels sont les peuples de la côte occidentale?

Les peuples de la côte occidentale, qu'on appelle aussi basse Guinée, sont les Bramas, les Congos, les Ambandos, les Andal-Ambandos, les Cimbebas.

Faites-nous connoître les Bramas?

Les Bramas sont au midi de l'Afrique, à l'occident, entre l'équateur et le fleuve du Zaire, sur le bord de la mer d'Ethiopie, au 1ce degré de longitude, sous la zone torride, à l'équinoxe perpétuel.

Ils sont noirs, grands, catholiques, idolâtres, poligames,

I 2

Faites-nous connoître les Congos ?

Les Congos sont au midi de l'Afrique, à l'occident, dans la basse Guinée, ou le Congo, sur les bords de l'Océan ou mer d'Ethiopie, vers le 7e degré de latitude, et le 11e de longitude, sous la zone torride, au 1er climat.

Ils sont noirs, moyens, catholiques, idolâtres, nuds, humains, poligames.

Dites-nous quels sont les Ambandos ?

Les Ambandos sont au midi de l'Afrique, sur la côte occidentale, dans la basse Guinée, vers le 9e degré de latitude, et le 11e de longitude, sous la zone torride, au 1er climat.

Ils sont noirs, catholiques, idolâtres, poligames.

Dites-nous quels sont les Andal-Ambandos ?

Les Andal-Ambandos sont au midi de l'Afrique, sur la côte occidentale, à la droite du fleuve Cœnza, vers le 11e degré de latitude, et le 11e de longitude, sous la zone torride, au commencement du 2e climat.

Ils sont noirs, catholiques, idolâtres, poligames, nuds, sauvages.

Dites-nous quels sont les Cimbebas ?

Les Cimbebas sont au midi de l'Afrique, sur la côte occidentale, vers le 16e degré de latitude, et le 10e de longitude, sous la zone torride, au 2e climat.

Ils sont noirs, idolâtres, sauvages, nuds. Ils font partie de la Cafrerie.

On remarque sur la côte occidentale, les villes de Loango, Loanda, et de Benguela.

2. PEUPLES DE LA POINTE MÉRIDIONALE.

Quels sont les peuples de la pointe méridionale ?

Ce sont les Namaquas, les Hotentots, les Hollandois. Ils sont au-delà du tropique du capricorne.

Dites-nous quels sont les Namaquas?

Les Namaquas sont au midi de l'Afrique, vers la pointe méridionale, au 25e degré de latitude, et au 2e de longitude, sous la zone tempérée, au commencement du 4e climat.

Ils sont basanés, laids, sauvages.

Dites-nous quels sont les Hotentots ?

Les Hotentots sont au midi de l'Afrique, à la pointe méridionale, vers le 30e degré de latitude, et le 20e de longitude, sous la zone tempérée, au 4e climat.

Ils sont basanés, nuds, laids, idolâtres, sauvages, voleurs, ivrognes, humains.

I 3

Dites-nous quels sont les Hollandois?.

Les Hollandois du midi de l'Afrique, sont des Européens établis à l'extrémité méridionale de l'Afrique, appelée cap de Bonne Espérance, vers le 35e degré de latitude, et le 20e de longitude, sous la zone tempérée, au 5e climat.

Ils sont grands, séparés de l'église, vivant en société.

Le cap qu'ils habitent, a été surnommé cap de Bonne Espérance, par les Portugais qui le découvrirent vers la fin du 15e siecle, parce qu'ils espérerent, avec raison, que cette découverte leur faciliteroit le chemin des Indes, au midi de l'Asie.

2. PEUPLES DE LA CÔTE ORIENTALE.

Dites-nous quels sont les peuples de la côte orientale?

Les peuples de la côte orientale, sont les Cafres mélanges, ainsi appelés, parce qu'ils sont formés, 1°., des naturels du pays, que les Arabes appellent Cafres, ce qui signifie infidèles. 2°. Des Arabes, ou autres étrangers qui s'y sont établis et mêlés avec les Cafres. Ils s'étendent depuis le tropique du capricorne, jusqu'au midi de la mer Rouge, entre le 20e et le 50e degré de longitude, sous la zone torride, aux 1er, 2e et 3e climats.

Ils sont basanés, laids, idolâtres, mahométans, sauvages, nuds, poligames, cruels, vivant en société.

Quels peuples comprennent les Cafres mélangés?

Outre les peuples de la côte d'Ajan, ils comprennent ceux de Monomotapa, de la terre Natal, et les Macacuas.

Parlez-nous des peuples du Monomotapa ?

Les peuples du Monomotapa sont au midi de l'Afrique, sur la côte orientale, vers le 20e degré de latitude méridionale, et le 35e de longitude, sous la zone torride, au 3e climat.

Ils sont basanés, moyens, bien faits, nuds, poligames.

On y remarque la riviere Zambèze, ou Cuama, qui coule d'occident en orient, et se jette dans la mer appelée canal de Mosambique.

Parlez-nous des peuples de la terre de Natal?

Les peuples de la terre de Natal sont au midi de l'Afrique, sur la côte orientale, entre le 20e et le 26e degré de latitude méridionale, et le 30e de longitude, à la fin de la zone torride, au commencement de la zone tempérée, aux 3e et 4e climats.

Ils sont basanés, bien faits, nuds, poligames, humains.

On y remarque, sur le bord de la mer, la ville de Sofala, ou Ophir, appartenant aux Portugais, et où l'on professe la religion catholique.

Parlez-nous des Macacuas?

Les Macacuas sont au midi de l'Afrique, sur la côte orientale, qu'on appelle côte de Zanguebar, vers le 15e degré de latitude méridionale, et le 35e de longitude, sous la zone torride, au 2e climat.

Ils sont basanés, mahométans, idolâtres, sauvages.

On voit, sur la côte de Zanguebar, la ville de Malinde sur le bord de la mer. Ses habitans sont catholiques, mahométans, bien faits, poligames, vivant en société.

4. PEUPLES DE L'INTERIEUR.

Quels sont les peuples de l'intérieur?

Ce sont les peuples de Monoemugi, les les Moneli, les Jaggas, les Anzicos.

Parlez-nous des peuples de Monoemugi

Les peuples de Monoemugi, sont au midi de l'Afrique, dans l'intérieur, sous l'équateur, à l'équinoxe perpétuel, au milieu de la zone torride, vers le 30e degré de longitude.

Ils sont noirs, grands, bien faits, idolâtres.

Parlez-nous des Monsoles ?

Les Monsoles sont au midi de l'Afrique, dans l'intérieur, vers le 3e degré de latitude méridionale, et le 25e de longitude, sous la zone torride, et au perpétuel équinoxe.

Ils sont noirs, mahométans, sauvages, cruels.

Parlez-nous des Jagguas ?

Les Jagguas sont au midi de l'Afrique, dans l'intérieur, vers le 8e degré de latitude méridionale, et le 20e de longitude, sous la zone torride, au 1er climat.

Ils sont noirs, grands, laids, idolâtres, sauvages, nuds.

Parlez-nous des Anzicos ?

Les Anzicos sont au midi de l'Afrique, dans l'intérieur, vers le 15e degré de latitude méridionale, et le 20e de longitude, sous la zone torride, au 2e climat.

Ils sont noirs, laids, sauvages, nuds, cruels.

ARTICLE IV.

INSULAIRES DE L'AFRIQUE.

Quels sont les Insulaires de l'Afrique ?

Les uns sont dans l'Océan occidental ou
Atlantique, et les autres dans la mer des Indes.

Quels sont les Insulaires de l'Océan?

Ce sont, 1o, ceux de Madere, vers le 32e
degré de latitude et près du grand méridien,
sous la zone tempérée, au 4e climat. Ils sont
grands, catholiques, humains, vivant en société.

2o. Les Canariens appelée aussi Cuanche-
set, dans les îles Canaries, vers le 28e degré
de latitude, et près le grand méridien. Ils sont
grands, idolâtres, catholiques, sauvages, poligames, vivant en société.

3o. Ceux des îles du cap Verd, vers le 15e
degré de latitude, et le 35e de longitude, dans
l'hémisphere occidental, sous la zone torride,
au 2e climat. Ils sont moyens, laids, catholiques, sauvages, nuds, humains, vivant en
société.

4o. Les Bisagos vers le 13e degré de latitude,
qui sont idolâtres, poligames, cruels, bien faits

5o. Ceux des îles des Papels, vers le 11e
degré de latitude, qui sont idolâtres, cruels,
nuds.

6o. Ceux de St.-Thomas, du Prince, d'An-
nabon, dans le Golfe de Guinée, qui sont catholiques, nuds.

Quels sont les Insulaires de la mer des Indes?

Ce sont, 1o, les Madagasse dans l'île de Madagascar, qui a plus de 320 lieues de long, sur 120 de large, en grande partie sous la zone torride, aux 2e et 3e climats. Ils sont basanés, grands, bien faits, mahométans, idolâtres, humains, nuds, poligames, vivant en société. 2o. Ceux de France et de Bourbon, aujourd'hui Réunion, à la fin de la zone torride, au 3e climat. Ils sont bien faits, catholiques, humains, vivant en société, soumis aux Français, au 53e de longitude. 3o. Ceux de ste.-Marie, au 15e degré de latitude, et le 52e de longitude, au 2e climat. Ils sont grands, idolâtres, nuds, humains. 4o. Ceux des Commores, vers le 10e de latitude, et le 52e de longitude. Ils sont mahométans, nuds, cruels. 5o. Ceux de Mosambique, qui sont catholiques, mahométans, sauvages, nuds. 6o. Ceux de Monbassa sont grands, catholiques, mahométans, poligames. 7o. Ceux de Zenzibar sont nuds, laids, mal-faits. 8o. les Socotorins, dans l'île de Socotora, près du cap Guardafui, au 11e degré de latitude septentrionale, au 52e de longitude, au 2e climat. Ils sont très-grands, beaux, bien faits, séparés de l'église, mahométans, idolâtres, nuds, sauvages.

CHAPITRE V.

DE L'AMÉRIQUE.

Qu'est-ce que l'Amérique?

L'Amérique est la quatrieme partie du monde. Elle est plus grande que les trois autres. Elle est dans l'hémisphere occidental et forme le nouveau continent. On l'appelle aussi Indes occidentales.

Elle s'étend du côté du nord, jusqu'au-delà du 80e degré de latitude septentrionale, et du côté du midi jusqu'au 56e degré de latitude méridionale. Ce qui fait environ 3400 lieues du sud au nord.

Sa partie septentrionale s'étend entre le 184e et le 305e degré de longitude, ce qu'on estime environ 850 lieues. Et sa partie méridionale, entre le 278e et le 325e degré; ce qui fait environ 900 lieues dans sa plus grande largeur. Elle se retrécit beaucoup en avançant vers le sud.

Quant aux climats, elle va jusqu'au 4e climat de mois vers le nord, et jusqu'au 11e d'heures vers le midi. Elle est environnée de la mer qui conserve par-tout ce nom.

L'isthme

L'isthme de Panama, vers le 8e degré de latitude méridionale, et large d'environ 14 lieues, partage l'Amérique en méridionale et septentrionale. L'Amérique septentrionale est sous les zones torride, tempérée et glaciale. L'Amérique méridionale est seulement sous la torride et sous la tempérée.

Nous allons faire connoître les peuples de l'une et l'autre.

SECTION I.

PEUPLES DE L'AMÉRIQUE SEPTENTRIONALE.

Quels sont les peuples de l'Amérique septentrionale?

Nous les divisons en peuples du nord, peuples du milieu, peuples du midi et peuples des îles.

ARTICLE PREMIER.

PEUPLES DU NORD.

Quels sont les peuples du nord?

Les Peuples connus du nord sont, ou sur la côte orientale, ou dans l'intérieur, ou sur la côte occidentale.

K.

1. PEUPLES DE LA CÔTE ORIENTALE.

Quels sont les peuples de la côte orientale ?

Ce sont les Quimaux, les Mistassins, les Souriquois, les Outaouas, les Elechemins, les Iroquois.

Parlez-nous des Quimaux ?

Les Quimaux sont au nord de l'Amérique septentrionale, sur la côte orientale, dans une presqu'île appelée terre de Labrador, vers le 58e degré de latitude, et le 300e de longitude, à la fin de la zone tempérée, au 11e climat.

Ils sont olivâtres, petits, laids, mal-faits, sauvages, cruels.

Parlez-nous des Mistassins ?

Les Mistassins sont au nord de l'Amérique septentrionale, dans la terre de Labrador, vers le 55e degré de latitude, et le 290e de longitude, sous la zone tempérée, au 10e climat.

Ils sont olivâtres, idolâtres, sauvages, poligames, humains.

Parlez-nous des Souriquois ?

Les Souriquois sont au nord de l'Amérique septentrionale, dans le Canada, sur la côte orientale, entre le fleuve St.-Laurent et la mer, vers le 48e degré de latitude, et le 295e de longitude, sous la zone tempérée, au 8e climat.

Ils sont olivâtres, grands, bien faits, sauvages, catholiques.

Parlez-nous des Outaouas ?

Les Outaouas sont au nord de l'Amérique septentrionale, dans le Canada, à l'orient, vers le 50e degré de latitude, et le 290e de longitude, sous la zone tempérée, au 8e climat, sur les bords du fleuve St.-Laurent.

Ils sont olivâtres, grands, sauvages, idolâtres.

Parlez-nous des Elechemins?

Les Elechemins sont au nord de l'Amérique septentrionale, dans le Canada, sur la côte orientale, entre la mer et le fleuve St.-Laurent, vers le 43e degré de latitude, et le 290e de longitude, sous la zone tempérée, au 6e climat.

Ils sont olivâtres, grands, idolâtres, sauvages.

Parlez-nous des Iroquois ?

Les Iroquois sont au nord de l'Amérique septentrionale, dans le Canada, sur la côte orientale, entre la mer et le fleuve St.-Laurent, vers le 40e degré de latitude, et le 285e de longitude, au 6e climat, sous la zone tempérée.

Ils sont olivâtres, grands, catholiques, idolâtres, sauvages, poligames, cruels.

2. PEUPLES DE L'INTÉRIEUR.

Quels sont les peuples de l'intérieur ?

Les peuples de l'intérieur sont les Saguenais, les Nipissings, les Algonquins, les Hurons, les Mascoutins, les Ouragamis, les Cristinaux, les Sioux, les Assiniboels.

Parlez-nous des Saguenais ?

Les Saguenais sont au nord de l'Amérique septentrionale, dans l'intérieur du Canada, au midi de la baye d'Udson, vers le 51e degré de latitude, et le 375e de longitude, sous la zone tempérée, au 8e climat.

Ils sont olivâtres, sauvages, poligames, humains.

Parlez-nous des Nipissings ?

Les Nipissings sont au nord de l'Amérique septentrionale, dans l'intérieur du Canada, au midi de la Baye d'Udson, vers le 48e degré de latitude, et le 280e de longitude, sous la zone tempérée, au 8e climat.

Ils sont olivâtres, catholiques, idolâtres, humains.

Parlez-nous des Algonquins ?

Les Algonquins sont au nord de l'Amérique septentrionale, dans l'intérieur du Canada, à l'orient du lac Supérieur, et au nord du

(113)

lac Huron, vers le 46e degré de latitude, et
le 280e de longitude, sous la zone tempérée,
au 7e climat.

Ils sont olivâtres, grands, bien faits, idolâtres, cruels.

Parlez-nous des Hurons?

Les Hurons sont au nord de l'Amérique
septentrionale, dans l'intérieur du Canada, au
midi du lac Huron, vers le 44e degré de latitude, et le 175e de longitude, sous la zone
tempérée, au 6e climat.

Ils sont olivâtres, grands, catholiques, poligames, cruels, vivant en société.

Parlez-nous des Mascoutins?

Les Mascoutins sont au nord de l'Amérique
septentrionale, dans l'intérieur du Canada,
vers le 50e degré de latitude, et le 270e de
longitude, sous la zone tempérée, au 8e climat.

Ils sont olivâtres, grands, idolâtres, sauvages, cruels.

Parlez-nous des Outagamis?

Les Outagamis sont au nord de l'Amérique
septentrionale, dans l'intérieur du Canada,
vers le 45e degré de latitude, et le 260e de longitude, sous la zone tempérée, au 6e climat.

Ils sont olivâtres, grands, bien faits, idolâtres, sauvages.

K 3

Parlez-nous des Cristinaux ?

Les Cristinaux sont au nord de l'Amérique septentrionale, dans l'intérieur du Canada, vers le 52e degré de latitude, et le 260e de longitude, sous la zone tempérée, au 8e climat.

Ils sont olivâtres, grands, idolâtres, sauvages, humains.

Parlez-nous des Sioux ?

Les Sioux sont au nord de l'Amérique septentrionale, dans le Canada, à l'orient de la mer de l'ouest, vers le 45e degré de latitude, et le 245e de longitude, sous la zone tempérée, au 7e climat.

Ils sont olivâtres, grands, poligames, idolâtres, sauvages.

Parlez-nous des Assiniboels ?

Les Assiniboels sont au nord de l'Amérique septentrionale, dans le Canada, vers le 54e degré de latitude, et le 245e de longitude, sous la zone tempérée, au 9e climat.

Ils sont olivâtres, grands, bien faits, idolâtres, sauvages.

9. PEUPLES DE LA CÔTE OCCIDENTALE.

Cette côte, qui a été découverte par le capitaine Cook, navigateur Anglois, est inconnue, y compris canal du roi Georges, au 50e degré de latitude, et le 250e de longitude ; il y a des peuples olivâtres, laids, sauvages, humains.

Quelle est la capitale du Canada ?

C'est Quebec, sur le fleuve St.-Laurent, au 51e degré de latitude, et au 296e de longitude, au 8e climat.

Le Canada s'appelle aussi la Nouvelle-France, parce que les Français l'ont possédé.

ARTICLE II.

PEUPLES DU MILIEU.

QUELS sont les peuples du milieu de l'Amérique septentrionale ?

Les uns sont à l'orient, les autres dans l'intérieur, et les autres vers l'occident.

1. PEUPLES DE LA CÔTE ORIENTALE.

Quels sont les peuples de la côte orientale ?

Ce sont les Nort-Américains, les Virginiens, les Caouitas, les Apaches.

Parlez-nous des Nort-Américains ?

Les Nort-Américains sont au milieu de l'Amérique septentrionale, sur la côte orientale appelée les États unis. Ils s'étendent depuis le 32e jusqu'au-delà du 45e degré de latitude, le

et entre le 270e et le 295e de longitude, sous
la zone tempérée, aux 5e et 6e climats d'heures.

Ils sont olivâtres, grands, beaux, bien faits,
séparés de l'église, savans, humains, vivant
en société.

Parlez-nous des Virginiens?

Les Virginiens sont au milieu de l'Amérique
septentrionale, à l'orient, vers le 37e degré de
latitude, et le 280e de longitude, sous la zone
tempérée, au 5e climat.

Ils sont olivâtres, grands, bien faits, idolâtres, cruels, vivant en société.

Parlez-nous des Caouitas?

Les Caouitas sont au milieu de l'Amérique
septentrionale, à l'orient, vers le 33e degré
de latitude, et le 275e de longitude, sous la
zone tempérée, au 4e climat.

Ils sont olivâtres, bien faits, idolâtres, nuds,
cruels.

Parlez-nous des Apaches?

Les Apaches sont au milieu de l'Amérique
septentrionale, à l'orient, dans la Floride,
vers le 30e degré de latitude, et le 275e de longitude, sous la zone tempérée, au 4e climat.

Ils sont olivâtres, grands, bien faits, catholiques, idolâtres, sauvages, nuds, cruels.

2. PEUPLES DE L'INTÉRIEUR.

Dites-nous quels sont les peuples de l'intérieur?

Les peuples de l'intérieur sont les Illinois, les Missourites, les Natchez, les Akancos, les Apalaches, les Nachitoches, les Chactas, les Oumas.

Parlez-nous des Illinois?

Les Illinois sont au milieu de l'Amérique septentrionale, dans l'intérieur, au nord de la Louisiane, vers le 40e degré de latitude, et le 270e de longitude, sous la zone tempérée, au 6e climat.

Ils sont olivâtres, catholiques, idolâtres, sauvages, nuds, poligames, cruels.

Parlez-nous des Missourites?

Les Missourites sont au milieu de l'Amérique septentrionale, dans la Louisiane, à la gauche du Mississipi, vers le 40e degré de latitude, et le 260e de longitude, sous la zone tempérée, au 6e climat.

Ils sont olivâtres, idolâtres, sauvages, nuds, humains.

Parlez-nous des Natchez?

Les Natchez sont au milieu de l'Amérique septentrionale, dans la Louisiane, près du fleuve Mississipi, vers le 36e degré de latitude, et le 265e de longitude, sous la zone tempérée, au 5e climat.

Ils sont olivâtres, idolâtres, nuds, vivant en société.

Parlez-nous des Akancos?

Les Akancos sont au milieu de l'Amérique septentrionale, dans la Louisiane, sur les bords du fleuve Mississipi, vers le 34e degré de latitude, et le 2 65 de longitude, sous la zone tempérée, au 5e climat.

Ils sont olivâtres, grands, idolâtres.

Dites-nous quels sont les Apalaches?

Les Apalaches sont au milieu de l'Amérique septentrionale, dans la Louisiane, vers le 37e degré de latitude, et le 255e de longitude, sous la zone tempérée, au 6e climat.

Ils sont olivâtres, idolâtres, sauvages.

Dites-nous quels sont les Nachitoches?

Les Nachitoches sont au milieu de l'Amérique septentrionale, dans la Louisiane, vers le 35e degré de latitude, et le 255e de longitude, sous la zone tempérée, au 5e climat.

Ils sont olivâtres, grands, bien faits, sauvages, nuds, humains.

Dites-nous quels sont les Chactas?

Les Chactas sont au milieu de l'Amérique septentrionale, dans la Louisiane, à la gauche du fleuve appelé Rio-Bravo, vers le 31e degré de latitude, et le 252e de longitude, sous la zone tempérée, au 4e climat.

Ils sont olivâtres, idolâtres, sauvages, nuds, cruels.

Dites-nous quels sont les Oumas ?

Les Oumas sont au milieu de l'Amérique septentrionale, sur les bords du golfe du Mexique, à la gauche de la riviere Brave, ou Rio-Bravo, vers le 30e degré de latitude, et le 255e de longitude, sous la zone tempérée, au 4e climat.

Ils sont olivâtres, idolâtres.

Dites-nous quelle est la capitale de la Louisiane ?

C'est la Nouvelle-Orléans, sur la gauche du Mississipi, près son embouchure. On y professe la religion catholique.

3. PEUPLES DE L'OCCIDENT.

Dites-nous quels sont les peuples de l'occident ?

Ce sont les peuples du Nouveau-Mexique, du port de Drake, et les Californiens.

Dites-nous quels sont les peuples du Nouveau-Mexique ?

Ils sont au milieu de l'Amérique septentrionale, à l'occident, entre le 33e et le 44e degré de latitude, vers le 245e de longitude, sous la zone tempérée, aux 5e et 6e climats.

Ils sont olivâtres, catholiques, idolâtres, humains, poligames, vivant en société.

Dites-nous quels sont les peuples du port de Drake?

Les peuples du port de Drake sont sur la côte occidentale de l'Amérique septentrionale, au nord de la Californie, vers le 40e degré de latitude, et le 230e de longitude, sous la zone tempérée au 6e climat.

Ils sont olivâtres, sauvages, nuds, humains.

Dites-nous quels sont les Californiens?

Les Californiens sont dans l'Amérique septentrionale, à l'occident de la presqu'île de la Californie, entre la mer Vermeille, et la grande mer, près le tropique du cancer, au 240e de longitude, au commencement de la zone tempérée, aux 3e et 4e climats.

Ils sont olivâtres, grands, bien faits, idolâtres, catholiques, sauvages, cruels.

ARTICLE.

ARTICLE III.

PEUPLES DU MIDI.

QUELS *sont les peuples du midi de l'Amérique septentrionale ?*

Ce sont les Mexicains, qui s'étendent depuis l'isthme de Panama, jusqu'au-delà du tropique du cancer, entre le 245e et le 280e degré de longitude, sous la zone torride, aux 2e et 3e climats.

Ils sont bronzés, grands, catholiques, humains, vivant en société. Comme le Mexique appartient à l'Espagne, il prend le nom de Nouvelle-Espagne.

Dites nous quels peuples on remarque dans le Mexique, ou Nouvelle-Espagne ?

On y remarque les Tlascalteques et les Mosquitos.

Dites-nous quels sont les Tlascalteques ?

Les Tlascalteques sont au midi de l'Amérique septentrionale, sur le golfe du Mexique, vers le 23e degré de latitude, et au 250e degré de longitude, sous la zone torride, au 3e climat.

Ils sont bronzés, idolâtres, catholiques, vivant en société, poligames.

L

Dites-nous quels sont les Mosquitos?

Les Mosquitos sont au midi de l'Amérique septentrionale, dans le Mexique, vers le 12ᵉ degré de latitude, sous la zone torride, au 2e climat.

Ils sont bronzés, grands, bien faits, idolâtres.

Dites-nous quels sont les principales villes du Mexique ?

Ce sont Mexico, capitale, Vera-Cruz, Guazimala, Acapulco, et Jucatan, dans une presqu'île de ce nom.

ARTICLE IV.

PEUPLES DES ILES DE L'AMÉRIQUE SEPTENTRIONALE.

Quels sont les peuples des iles de l'Amérique septentrionale?

Ce sont les peuples du golfe St-Laurent, des Lucayes, des grandes Antilles, des petites Antilles, et des Acores.

Dites nous quels sont les insulaires du golfe St.-Laurent,

10. Ceux de Terre-Neuve, vers le 50e degré de latitude, et le 305e de longitude, sous la zone tempérée, au 8e climat, sont olivâtres.

moyens, laids, catholiques, séparés de l'église, sauvages, cruels.

2º. Ceux de l'île St.-Jean, vers le 48e degré de latitude, et le 298e de longitude, au 8e climat, sont catholiques, sauvages.

3º. Ceux de l'île Royale, vers le 46e degré de latitude, et le 300e de longitude, au 7e climat, sont grands, bien faits, catholiques, sauvages, humains.

Dites-nous quels sont les insulaires des Lucayes ?

Les insulaires des Lucayes, vers le tropique du cancer, au 282e degré de longitude, à la fin de la zone torride, au commencement de la zone tempérée, aux 3e et 4e climats, sont bronzés, catholiques, séparés de l'église, humains.

Ces îles sont la première découverte de l'Amérique, en 1492, par Christophe Colomb.

Dites-nous quels sont les insulaires des grandes Antilles ?

1º. Ceux de Cuba, au 20e degré de latitude, et le 280e de longitude, sous la zone torride, au 3e climat, sont bronzés, grands, catholiques, vivant en société, humains.

2º. Ceux de St.-Domingue, au 19e degré de latitude, et le 290e de longitude, sous la zone torride, au commencement du 3e climat, sont bronzés, grands, savans, catholiques, humains, vivant en société.

Dites-nous quels sont les insulaires des petites Antilles?

Les insulaires des petites Antilles, qui s'étendent depuis le 9e jusqu'au 18e degré de latitude, sous la zone torride, au 2e climat, et vers le 3ce degré de longitude, sont bronzés, catholiques, séparés de l'église, vivant en société.

Les principales de ces îles, sont la Guadeloupe, St.-Vincent, la Martinique, la Dominique, la Grenade, la Trinité.

Dites-nous quels sont les insulaires des Açores?

Les insulaires des Açores, vers le 40e degré de latitude, et le 330e de longitude, sous la zone tempérée, au 6e climat, entre l'Amérique et l'Europe, dans l'Océan Atlantique, sont blancs, catholiques, humains, vivant en société.

SECTION DEUXIEME.

PEUPLES DE L'AMÉRIQUE MERIDIONALE.

Dites-nous quels sont les peuples de l'Amérique méridionole?

Nous les partageons en peuples du nord, peuples du milieu, peuples du midi, et peuples des îles.

ARTICLE PREMIER.

PEUPLES DU NORD.

QUELS sont *les peuples du nord de l'Amérique méridionale ?*

Les peuples du nord, qu'on appelle Terre-Ferme, sont ceux de Tierra-Firme, les Créoles, les Caracas, les Noragues, les Galibis, les Caraïbes, ou Cannibales, les Bravos.

Dites-nous quels sont les peuples de Tierra-Firme ?

Les peuples de Tierra-Firme, sont au nord de l'Amérique méridionale, près de l'isthme de Panama, vers le 8e degré de latitude septentrionale, et le 280e de longitude, sous la zone torride, au 1er climat.

Ils sont bronzés, grands, idolâtres, catholiques, sauvages, nuds, poligames.

Dites-nous quels sont les Créoles ?

Les Créoles sont au nord de l'Amérique méridionale, sur les bords de la mer, au 10e degré de latitude, et au 285e de longitude, sous la zone tempérée, au commencement du 2e climat.

Ils sont bronzés, catholiques, humains, vivant en société,

L 3

Ces peuples sont Européens d'origine, nés en Amérique.

Dites-nous quels sont les Caracas ?

Les Caracas sont au nord de l'Amérique méridionale, dans la Terre-Ferme, vers le 8e degré de latitude, et le 295e de longitude, sur le bord de la mer, sous la zone torride et au 1er climat.

Ils sont bronzés, sauvages.

Dites-nous quels sont les Noragues ?

Les Noragues sont au nord de l'Amérique méridionale, vers l'orient, dans la Guyane, depuis l'équateur, jusqu'au 6e degré de latitude, au 300e degré de longitude, sous la zone torride, à l'équinoxe perpétuel.

Ils sont bronzés, sauvages, poligames, cruels.

Dites-nous quels sont les Galibis ?

Les Galibis sont au nord de l'Amérique méridionale, dans la Guyane, près l'équateur, au 305e degré de longitude, sous la zone torride, à l'équinoxe perpétuel.

Ils sont bronzés, idolâtres, catholiques, séparés de l'église, sauvages, cruels.

Dites-nous quels sont les Caraïbes ou Cannibales ?

Les Caraïbes ou Cannibales sont au nord de l'Amérique méridionale, dans la Terre-Ferme, près l'équateur, au 290e degré de longitude, sous la zone torride, à l'équinoxe perpétuel.

Ils sont bronzés, grands, bien faits, idolâtres, sauvages, nuds, poligames, cruels.

Dites-nous quels sont les Bravos ?

Les Bravos sont au nord de l'Amérique méridionale, vers le 4e degré de latitude, et le 285e de longitude, sous la zone torride, à l'équinoxe perpétuel.

Ils sont bronzés, bien faits, sauvages, cruels.

Dites-nous quels sont les villes remarquables de la Terre-Ferme ?

On remarque Carthagene sur le bord de la mer, au 11e degré de latitude, et Popayan, vers le 4e. On y voit aussi deux grandes rivieres : ce sont l'Orénoque qui se jette dans la mer d'occident en orient, et la riviere de la Madeleine, qui coule du sud au nord, et se rend dans la mer, près Carthagene.

ARTICLE II.

PEUPLES DU MILIEU.

QUELS sont les peuples du milieu de l'Amérique méridionale ?

Les uns sont à l'orient, les autres à l'occident, et les autres dans l'intérieur.

1. PEUPLES A L'ORIENT.

Dites-nous quels sont les peuples du milieu de l'Amérique méridionale, du côté de l'orient ?

Ce sont les Poliguares, les Tapuyes, les Topinambas, les Molopaques, les Tupiques, les Moriquites, les Guaymuras, les Brasiliens, les Ovaitaguases.

Tous ces peuples habitent le Brésil, qui s'étend depuis le fleuve Maragnon, ou rivière des Amazones, jusque vers la rivière appelée Rio-de-la-Plata.

Dites-nous quels sont les Poliguares ?

Les Poliguares sont au milieu de l'Amérique méridionale, à l'orient, dans le Brésil, vers le 6e degré de latitude méridionale, et le 315e de longitude, sous la zone torride, au 1er climat.

Ils sont bronzés, laids, grands, poligames, idolâtres, catholiques.

Dites-nous quels sont les Tapuyes ?

Les Tapuyes sont au milieu de l'Amérique méridionale, à l'orient, dans le Brésil, vers le 7e degré de latitude, et le 820e de longitude, sous la zone torride, au 1er climat.

Ils sont bronzés, grands, idolâtres, sauvages, nuds, cruels.

Dites-nous quels sont les Topinambas ?

Les Topinambas sont au milieu de l'Amérique méridionale, à l'orient, dans le Brésil, vers le 8e degré de latitude, et le 312e de longitude, sous la zone torride, au premier climat.

Ils sont bronzés, grands, idolâtres, sauvages, nuds, poligames, cruels.

Dites-nous quels sont les Molopaques ?

Les Molopaques sont au milieu de l'Amérique méridionale, à l'orient, dans le Brésil, vers le 15e degré de latitude, et le 310e de longitude, sous la zone torride, au 2e climat.

Ils sont bronzés, très-grands, catholiques, vivant en société, poligames, cruels.

Dites-nous quels sont les Tupiques

Les Tupiques sont au milieu de l'Amérique méridionale, à l'orient, dans le Brésil, vers le 13e degré de latitude, et le 315e de longitude, près la riviere de S.-François, sous la zone torride, au 2e climat.

Ils sont bronzés, grands, laids, idolâtres, sauvages, nuds, poligames.

Faites-nous connoître les Moriquites ?

Les Moriquites sont au milieu de l'Amérique méridionale, à l'orient, dans le Brésil, sur la riviere S.-François, vers le 12e degré de latitude, et le 520e de longitude, sous la zone torride, au 2e climat. Ils sont bronzés, cruels.

Faites-nous connoître les Gaymuras ?

Les Gaymuras sont au milieu de l'Amérique méridionale, à l'orient, dans le Brésil, vers le 15e degré de latitude, et le 315e de longitude, sous la zone torride, au 2e climat.

Ils sont bronzés, grands, laids, sauvages, nuds, cruels, poligames.

Dites-nous quels sont les Brasiliens ?

Les Brasiliens sont au milieu de l'Amérique méridionale, à l'orient, dans le Brésil, vers le 19e degré de latitude et le 315e de longitude, sous la zone torride, au 3e climat.

Ils sont bronzés, grands, idolâtres, catho-liques, nuds, poligames, humains.

Dites-nous quels sont les Ovaitaguases ?

Les Ovaitaguases sont au milieu de l'Amé-rique méridionale, à l'orient dans le Brésil, vers le 22e degré de latitude, et entre le 315e de longitude, sous la zone torride, au 3 climat.

Ils sont bronzés, laids, idolâtres, sauvages, poligames, cruels.

Dites-nous quelles sont les villes remarquables du Brésil ?

S-Salvador, capitale, située sur la baye de

Tous-les-Saints, et Fernambouc, près le cap Saint-Augustin.

2. PEUPLES A L'OCCIDENT.

Comment appelle-t-on les peuples de l'occident?

Ce sont les Péruviens, habitans du Pérou. Ils s'étendent sur la côte occidentale de l'Amérique méridionale, depuis le 2e degré de latitude septentrionale, jusqu'au 24e de latitude méridionale, sous la zone torride, aux 1er, 2e et 3e climats d'heures.

Ils sont bronzés, moyens, catholiques, idolâtres, vivant en société, humains.

Les villes principales du Pérou sont Lima, capitale, au 12e degré de latitude, et Quito, sous l'équateur.

Ce pays est traversé, du sud au nord, par par une grande chaîne de montagnes, qu'on appelle les Andes ou Cordillieres. Le fleuve des Amazones y prend sa source.

3. PEUPLES DE L'INTÉRIEUR.

Quels sont les peuples de l'intérieur?

Les peuples de l'intérieur, qui comprend le pays des Amazones et le nord du Paraguay, sont les Pevas, les Panchis, les Curuzicaris, les Omaguas, les peuples des Missions Espagnoles et portugaises, les Moxes, les Yaincos, les Chiquitos, les Chicapoyas, les Moteyonnes, les Lopis, les Chiriguanes, les Tucumans.

Ces peuples s'étendent depuis l'équateur, jusqu'au tropique du capricorne, sous la zone torride, aux 1er, 2e et 3e climats, et sont bronzés, sauvages, idolâtres pour la plupart.

ARTICLE TROISIEME.

PEUPLES DU MIDI DE L'AMÉRIQUE MÉRIDIO.

Quels sont les peuples de l'Amérique méridionale ?

Ce sont les Chacos, les Tapas, les Cariges, les Arauques, les Tucapels, les Pehuenches, les Indios-Bravos, les Benezaires, les Puelches, les Patagons.

Ces peuples habitent le midi du Paraguay, le Chili, la Terre Magellanique, depuis le tropique du capricorne, jusqu'à l'extrémité méridionale, sous la zone tempérée, aux 4e, 5e et 6e climats. Ils sont en général jaunâtres, idolâtres et catholiques.

INSULAIRES DE L'AMÉRIQUE MERIDIONALE.

Dites-nous quels sont les insulaires de l'Amérique méridionale ?

Ce

Ce sont, 1o., ceux de Cayenne, au 4e degré de latitude septentrionale.

2°. Ceux des îles Malouines, au 50e degré de latitude méridionale.

3°. Ceux de la Terre de feu, appelés Pécherais, à la pointe méridionale.

4o Ceux de Chiloé, au 45e degré de latitude, près la côte occidentale.

5° Ceux de Mocka, à l'occident du Chili.

6°. Ceux de Puma, au 6e degré de latitude méridionale, à l'occident du Pérou.

MONDE PEU CONNU.

I. TERRES POLAIRES.

FAITES-NOUS connoître les Terres Polaires ?

Ce sont le Grœnland, le Spitzberg, et la Nouvelle-Zemble.

Faites-nous connoître le Grœland ?

Le Grœland est une grande presqu'île, au nord-est de l'Amérique septentrionale, qui commence au 60e degré de latitude, et dont on ignore l'extrémité septentrionale. Il est à la fin de la zone tempérée, et sous la zone glaciale, depuis le 13e climat d'heures, jusqu'au 3e de mois, et peut-être au-delà.

M

Les Grœnlandais sont olivâtres, petits, mal-
faits, laids, idolâtres, sauvages, humains.

Dites-nous quel est le Spitzberg ?

Le Spitzberg est une grande île au nord de
l'Europe, vers le 79e degré de latitude, sous
la zone glaciale, au 4e climat de mois. Ce pays
est inconnu et probablement inhabitable, à
cause du froid excessif qui y regne.

Faites-nous connoître la Nouvelle-Zemble ?

La Nouvelle-Zemble est une grande île au
nord de l'Asie, dans la mer Glaciale, au-delà
du 70e degré de latitude, sous la zone froide,
aux 2e et 3e climats de mois. Ses peuples sont
olivâtres, petits, idolâtres, sauvages.

---

2. TERRES AUSTRALES.

Dites-nous quelles sont les Terres Aus-
trales ?

Ce sont les pays situés au midi de l'Asie,
et à l'occident de l'Amérique : ils sont en grand
nombre. Les principaux sont dans la Nouvelle-
Guinée, la Nouvelle-Hollande, la Nouvelle-
Zélande.

Faites-nous connoître la Nouvelle-Guinée ?

La Nouvelle-Guinée est un vaste pays au
midi de l'Asie, sous la zone torride, aux 1er

et 2e climats : on ignore ses limites. Ses habitans, appelés Papous, sont basanés, moyens,
laids, sauvages, nuds, cruels.

Faites - nous connoitre la Nouvelle-Hollande ?

La Nouvelle - Hollande est un vaste pays
dans la mer des Indes, au midi de l'Asie, entre le 12e et le 44e degré de latitude méridionale, et entre le 105e et le 152e de longitude,
à la fin de la zone torride, au commencement
de la zone tempérée, depuis le 2e jusqu'au 7e
climat. Ses habitans sont basanés, grands, laids,
mal-faits, sauvages sur la côte occidentale; et
sont moyens, sauvages, nuds sur la côte orientale. Ce pays n'est connu que sur les côtes :
il a environ 800 lieues du sud au nord, et 1000
de l'ouest à l'est.

Faites-nous counoitre la Nouvelle-Zélande ?

La Nouvelle-Zélande est une grande île dans
la mer du Sud, ou mer Pacifique, entre le 41e
et le 48e degré de latitude méridionale, près du
grand méridien, dans l'hémisphere occidental,
sous la zone tempérée, aux 6e et 7e climats.

Les Zélandois sont basanés, grands, bien
faits, idolâtres, sauvages.

Au midi de la Nouvelle - Zélande est l'île
Eacheinomauwe, dont les habitans sont basanés, grands, bien faits, idolâtres, cruels.

Ces deux îles sont peu éloignées des antipodes de Paris, c'est-à-dire, du lieu du globe qui est dessous Paris. Ce lieu est la mer, au 49e degré de latitude méridionale, et le 180e de longitude.

N'y a-t-il pas encore d'autres Iles remarquables dans la mer du Sud ?

Oui, il y en a plusieurs entre l'équateur et le tropique du capricorne, parmi lesquelles se trouve l'île de Taïti, dont les habitans, appelés Taïtiens, sont grands, bien faits, idolâtres, vivant en société, humains.

Voyez la Mappemonde pour les autres.

VALEUR

De quelques Monnoies étrangères en argent de France.

	l.	s.	d.
Le florin d'Hollande, *vaut*. . . .	2	2	9
Le florin de Vienne en Autriche.	1	13	4
Le florin ou goulde de Suisse. .	2	14	6
Le ducat d'Hollande.	11	3	3
Le sequin d'or de Venise.	7	10	»
Le ducale de Vienne en Autriche.	4	»	»

La rixdale de Suisse.	5	»	»
L'écu d'échange d'Epire.	5	7	»
L'écu neuf de Turin.	6	12	»
L'écu romain d'Italie.	5	5	»
Le frédéric d'or de Berlin. . . .	20	»	»
La pistole neuve de Turin. . . .	26	8	»
La pistole ou doublon d'Espagne.	18	16	6
La creusade du Portugal. . . .	2	8	»
La livre sterling d'Angleterre. .	22	10	»
La guinée d'Angleterre.	23	12	6
Le rouble de Russie.	5	6	7
La roupie du Mogol.	20	»	»

TABLEAU

Des différentes mesures de distance.

Mille commun d'Italie	760 toises.
---d'Angleterre	826
---d'Irlande	1052
---d'Écosse	1147
---de Pologne	2850
--d'Allemagne.	3658
---d'Hongrie.	4560
Lieue commune de France . . .	2282
---d'Espagne	2860
---de Suède	5483

— de Dannemarck 3930
Le *parasange* de Perse 3000
Le *woërst* de Moscovie 4547
Le *coss* des Indes . . . . 1335 et dem.
Le *gau* dans l'Indostan . . . . . 9 à 10 au deg
Le *pu*   }
Le *li*   } de la Chine 295
La *stade* de Grèce . . . . 104 un 6e
Le *schène* d'Egypte . . . . 4166 2 tier.
La *mesure* du Japon . . . . 1666 2 tier.
La *station* des Arabes . . . . . . 16,660 2 tier.
La *journée* des Tartares 25,000
La *diète* des Africains 25,000

TABLEAU

de Réduction des nouvelles Mesures républicaines

en anciennes

Un millimetre vaut environ 4 neuviemes de lignes.

Un centimetre. . . 4 lignes 4∫9.
Un décimetre. . . . 3 pouces lignes 4∫9.
Un metre. . . . . . 3 pieds 11 lignes 11∫25.
Un décametre. . . . 30 pieds 19 pouces.
Un hectometre. . . 51 toises 3∫10.
Un kilometre. . . . 513 toises.
Un miriametre . . . 5131 toises , ou 2 lieues un
                       quart, de 25 au degré (1).

(1) *Le Myriametre étant de deux lieues et un*

MESURE AGRAIRE.

Mesure de 18 pieds pour perche.

Un centiare . . .	1/34 de perche.
Un déciare	10/34.
Un are	2 perches 16/17.
Un décare	29 perches 7/17.
Un hectare	2 arpens 94 perches 2/17
Un kilare	29 arpens 41 perches 3/17
Un miriare	294 arpens 11 perches 11/17.

MESURE DE CAPACITÉ

Pour les grains

Un décilitre	un peu plus du dixième d'un litron.
Un litre	un litron un quart
Un décalitre	12 litrons et demi.
Un hectolitre	un peu moins de 8 boisseaux.
Un kilolitre	un peu plus de 6 septiers et demi (de 12 boisseaux).

quart, 2 Myriametres valent 4 Lieues et demie ; et 4 Myriametres 9 Lieues. Ainsi, pour évaluer les Lieues en Myriametres, il faut suivre la proportion de 4 à 9. Alors les 9000 Lieues de la circonférence du Globe donnent 4000 Myriametres ; les 900 Lieues du Nord au Midi donnent 400 Myriametres ; les 1800 de l'Asie, du Sud au Nord donnent 800 Myriametres, et ainsi des autres Pays et Régions. Il y aura autant de fois 4 Myriametres qu'il y aura de fois 9 Lieues.

Si le nombre restant en Lieues ne donne pas un Myriametre, ce sera des Kilometres.

Pour les Liquides.

Un centilitre. . . à-peu-près le tiers d'une roquille.
Un décilitre. . . . . Un poisson un cinquieme.
Un litre. . . . . Un peu plus d'une pinte.
Un décalitre. . . . . dix pintes et demie.
Un hectolitre. . . . environ 105 pintes.
Un kilolitre. . . . . environ 1051 pintes.

MESURE POUR LE BOIS.

Un stetre vaut un peu plus d'une demi - voie.

POIDS.

Un centigramme. trois 16es. d'un grain.
Un décigramme. . . un peu moins de 2 grains.
Un Gramme . . . . un peu moins de 19 grains.
Un décagramme. . . un peu plus de deux gros et
     demi , ou environ le tiers
     d'une once.
Un hectogramme. . environ trois onces un quart ,
     ou le tiers d'une livre.
Un kilogramme. . un peu plus de deux livres.
Un miriagramme. . près de 20 livres et demie.